TONGXIN TONGXING

同心同行
——香港顾问及深圳社工机构交汇点

香港·社会服务发展研究中心 ◎ 著

·广州·

版权所有　翻印必究

图书在版编目（CIP）数据

同心同行——香港顾问及深圳社工机构交汇点/香港·社会服务发展研究中心主编. —广州：中山大学出版社，2015.4
ISBN 978-7-306-04687-1

Ⅰ.①同… Ⅱ.①香… Ⅲ.①社会工作—经验—香港 ②社会工作—经验—深圳市 Ⅳ.①D632

中国版本图书馆 CIP 数据核字（2013）第 208539 号

出版人：	徐　劲
策划编辑：	葛　洪
责任编辑：	葛　洪
封面设计：	林绵华
责任校对：	李培红
责任技编：	何雅涛

出版发行：中山大学出版社
电　　话：编辑部 020-84113349，84110779
　　　　　发行部 020-84111998，84111981，84111160
地　　址：广州市新港西路 135 号
邮　　编：510275　　　　传　真：020-84036565
网　　址：http://www.zsup.com.cn　E-mail:zdcbs@mail.sysu.edu.cn
印 刷 者：广州市怡升印刷有限公司
规　　格：780mm×1092mm　1/16　12.25 印张　218 千字
版次印次：2015 年 4 月第 1 版　2015 年 4 月第 1 次印刷
定　　价：28.00 元

如发现本书因印装质量影响阅读，请与出版社发行部联系调换

编辑委员会成员

召集人：卢永靖先生
主　编：彭盛福先生
成　员：陈圣光先生　李永伟先生
　　　　詹满祥先生　黄国基先生
　　　　何仕泉先生　卢宝仪女士

主编的话

彭盛福
社会服务发展研究中心非执行理事、
内地社工专业督导计划统筹、督导及顾问

作为在香港从事社会工作服务多年的一分子，对国家在近年间所锐意推行的社会工作服务，特别在致力社工专业人才队伍的建设、培训与发展方面，我们是感到万分欢欣与鼓舞，因而极愿在任何方面能有所参与及回应！

自2008年3月，社会服务发展研究中心（以下简称"社研"）的来自香港各著名社会福利服务机构的管治高层与资深社工，其所组成的社工团队首次踏足深圳，展开饶富意义的"深圳计划"以来，香港与内地的社工交流及合作不断发展，一日千里。无数经验丰富，热情澎湃的香港社工，本服务人群心志，怀促进交流心愿，毅然、欣然北上担当内地社工督导工作，以期增强内地社工的专业知识与能量，最终为民众提供更优质的社会工作服务。在督导过程中，有关香港督导经验与案例分享，均曾刊载于"社研"在2010年出版而深获香港与内地社工同业所推许之名为《先行先试：深圳社工专业闪亮点》一书内。

事实上，我们明白，要使社会服务工作得到有效推行及发展，除了需要社工的专业知识及服务热忱外，亦有赖优秀的社工管理团队及开明励治的社工机构，从而承担、领导、管治及推行一系列相关服务。为此，自2011年初以来，深圳社工当局与香港"社研"再度携手，创新推行"机构顾问计划"，鼓励及安排香港在机构管治及服务运作方面拥丰富知识与经验之社工担当内地社工机构顾问，为内地机构在包括机构理念；组织架构；财务管理；服务运作、评估及发展等方面提供实效及贴心之顾问服务。所有此等经验、案例、心得与感想，我们现将其整理而汇集成书，并取名为《同心同行：香港顾问及深圳社工机构交汇点》，目的在将香港与内地社工同业在社工发展的路途上的有关经历，特别当面对挑战时所作出的适时回应，其中固有相同与相近者，也有截然不同者及共通者。我们现将其点滴留下，以使两地社工同业参考及相互印证，引发社工服务向更高的台阶迈进！

《同心同行：香港顾问及深圳社工机构交汇点》全书内容之能得以丰盛，实在有赖以下人士的支持，其惠赐鸿文，分享经验睿智，确是难能可贵。在此，我谨向他们致以敬虔的谢意，此包括广东省民政厅刘洪厅长、香港特别行政区政府劳工及福利局张建宗局长、中央人民政府驻香港特别行政区联络办公室社会工作部张铁夫部长（现为香港特别行政区全国人民代表大会代表）、"社研"邱浩波主席之慨允为本书写序；香港大学社会工作及社会行政学系周永新讲座教授、北京大学社会学系王思斌教授、中国社会工作协会徐瑞新会长之为本书悉心撰文，阐述香港与内地社会福利机构的历史与发展；香港大学社会工作及社会行政学系梁祖彬教授、香港理工大学应用社会科学系陈锦棠博士、广东省民政厅林惜文监察专员、香港特别行政区政府社会福利署聂德权署长（现任香港特别行政区政府新闻处处长）、广东省社会工作师联合会李敏兰会长、前深圳市社会工作协会李光明秘书长之为本书慷慨为文，勾画香港与内地社会福利服务发展的异同；"社研"众热心领导及业内翘楚："社研"陈圣光副主席、周敏姬副主席、李永伟总干事、关何少芳理事之为本书大力挥毫，道出"社研"在内地社会工作服务的角色与贡献。此外，香港与内地社工机构主管之热切投书，分享其机构服务运作及发展之特色；"社研"辖下各工作计划的香港督导之踊跃惠稿，交流经验与心得。上述一众热心人士对"社研"的支持，对本书的厚爱，其健笔所至，使书耀亮生辉。这无疑是书的福分，也是读者的缘份！

　　当然，我不会忘记，我要藉此宝贵机会向负责本书的从意念、筹备、策划、编务、校对以至众多繁琐事务之编辑委员会委员，包括召集人卢永靖先生，委员陈圣光先生、李永伟先生、詹满祥先生、黄国基先生、何仕泉先生、彭盛福先生，秘书卢宝仪女士等，其为使书成而付出众多辛勤与努力，致以由衷感谢！

　　最后，我祝愿此书出版成功，广为流传，更诚盼社工同业及广大读者不吝赐教，共同为促进香港与内地社会福利服务的合作与发展，献出延绵心思与力量。

2015年仲春

序一

共创社会服务的美好未来

刘 洪
广东省民政厅厅长

社会服务发展研究中心（以下简称"社研"）全体成员秉承社会工作的专业使命，一直致力于促进香港与内地社会福利服务的交流合作。继"深圳计划"后，因应深圳社工机构发展需要，及时成立了"深圳计划"香港顾问交流平台，在深圳开展了广泛的实践和卓有成效的服务。欣闻"社研"中心凝聚香港广大社会工作者的集体智慧，将深圳实践经验结集成书并即将出版发行，进行无私分享，此举必将推动内地社工服务水平的提升以及社工机构的发展，诚为可喜可贺。

深圳作为国内社会工作的先行地，充分发挥毗邻港澳优势，坚持高标准高起点，在试点之初，深圳就通过社会服务发展研究中心等机构引进香港资深社工担任督导和顾问，谋篇布局，精心策划，最终设计和形成了以"政府主导，民间运作"为基本特征的"深圳模式"。作为民政部认可认同的三大模式之一，在全国推广，这其中，包括"社研"在内的香港社会福利界的帮助和付出功不可没。

2011年以来，广东推进社会工作专业人才建设的政策环境进一步优化。广东省委、省政府出台了《关于加强社会建设的决定》，将社会工作人才队伍定位为全省社会建设的人才保障，并制定了《关于加强社会工作人才队伍建设的实施意见》，成为全国首个出台社会工作人才发展意见的省；同时，将"每万人拥有持证社工人数"纳入了"幸福广东"评价指标框架体系，作为反映社会服务总量和专业化程度的重要指标。培养造就一支高素质的社会工作专业人才队伍，将为广东省加强和创新社会管理、构建社会主义和谐社会提供有力的人才支撑。最近，中央18部委联合印发了《关于加强社会工作专业人才队伍建设的意见》，这是指导今后一个时期我国专业社会工作发展的纲领性文件，可以预见，专业社会工作将迎来前所未有的发展机遇。

香港社工是广东省社会工作发展的见证者、参与者、先行者、开拓者，在广东，无论是在深圳、东莞还是在广州、中山等"珠三角"的各个地方都活跃着香港社工忙碌的身影。他们帮助培训内地社工，为广东培养了一批督导人才，把成熟的实务经验带到广东，协助广东充分发展社会工作服务及制度，和广东社工一起应对社会工作本土化的挑战。他们敬业奉献的精神和谦虚踏实的作风，令人钦佩和感动，可以说广东社会工作的发展和壮大，有赖于本土社工机构的蓬勃发展，有赖于政策体系的不断完善，更有赖于香港社会服务机构的大力支持。我省本土社工机构才蹒跚起步，迫切需要学习香港先进的、成熟的运营管理经验，以提供优质化、多元化的社会服务。我们希冀通过深化粤港合作，建立更紧密合作交流机制，鼓励和期待香港社工以多种形式、多种方式在社会工作各个领域各个地方更深入地参与，更紧密地合作，从而发挥更多更大的作用，推动我省社会工作及人才队伍建设，共创社会服务的美好未来，造福两地民众生活。

序二

张建宗
香港特别行政区政府劳工及福利局局长

此书出版之际，正值社会服务发展研究中心（"社研"）成立第十七个年头。1998年，适逢香港回归祖国周年，香港一群社会服务和社工专业界的翘楚，以促进本港与内地社会服务共融和进步为己任成立"社研"，站在新的历史起点上，积极推动两地文化互动，就社会服务课题进行交流和学习，因势利导，开拓新服务。

2013年是香港回归十六周年，粤港合作已经成为两地发展的大趋势。本届特区政府在促进两地社工团队互动，就社会服务课题进行交流和学习方面，下了不少功夫。不过，若然没有像"社研"一样热心的机构担当先行者，香港社会工作的优良经验和同工的专业形象，便不会在内地得到认同和提升。

其中，"社研"自2008年起与深圳市合作开展的"深圳计划"，更是先行者中的先行者。

随着中国内地政府逐步发展并推行各项社会工作专业人才培训的政策及措施，香港社会福利界透过"社研"牵头的"深圳计划"，开始参与深圳社会工作制度和实务体系的建设，派出资深社会工作者作为督导，帮助深圳构建专业服务体系，培训内地社会工作者，提升内地专业社会工作服务水平。

"社研"筹办的"深圳计划"开展之年，正是深圳纪念改革开放三十年。深圳的历史经验，就是为国家探索开放的路子，积累经济和制度创新的经验。而"社研"在深圳改革开放三十年时与深圳市启动"深圳计划"，就是让两地在社工服务及社工机构发展方面，先行先试，藉着这个崭新的平台，让内地同业和相关部门以香港社会工作的典范为借鉴。

当然，香港的社福机构和社工同工也绝对是"深圳计划"的受惠者。

香港和深圳两地居民往来联系日益紧密，无可避免地引发跨境家庭、长者安老等亟待处理的议题，可见香港近年的社会问题愈趋复杂，亦与内地的发展互为影响。社工站在最前线，肩负处理这些问题的重任。凭借"深圳计划"这一难得的平台，香港和深圳的同工能够分享经验，切磋砥砺，这不但有助内地社会福利服务发展，最终亦有利于在内地生活的香港人。

一言以蔽之，"深圳计划"是一个促进两地社会服务发展的双赢计划。《同心同行：香港顾问及深圳社工机构交汇点》，就是"社研"促进两地社会服务交流的珍贵纪录。我期望"社研"再接再厉，继续发挥先导角色，让业界更深入了解跨境社会工作的情况，齐心建立和谐共融的社会。

序三

张铁夫
中央人民政府驻香港特别行政区联络办公室社会工作部部长
（现为香港特别行政区全国人民代表大会代表）

　　社会服务发展研究中心多年来一直支持和配合国家大力推进社工人才队伍建设，持续为内地提供督导和培训工作，贡献良多。2008年开始凝聚香港社福界力量，派出资深香港社工参与支持深圳社工督导工作，极大地促进了深圳等地社工人才队伍的建设和发展，赢得了香港社福界和内地有关部门的高度赞誉。欣闻社会服务发展研究中心"深圳计划：香港顾问交流平台"将于2015年出版《同心同行：香港顾问及深圳社工机构交汇点》一书，内容包括香港多家社工机构派出同事为深圳社工机构提供顾问服务过程中的心得体会。香港社工同行对内地的支持，既为前线社工督导、本土社工督导培训，还协助内地社工机构发展，合作多方位、多角度。该书内容丰富，案例分析详细，结构清晰，非常值得内地社会工作者研读。我谨此表示祝贺，并衷心祝愿社会服务发展研究中心进一步加强与内地社会工作专业合作，为推动内地社会管理创新取得更大成效发挥独特作用。

序四

邱浩波
社会服务发展研究中心主席

2008年社会服务发展研究中心（"社研"）与深圳市社会工作者协会合作，在深圳市民政局的协作下，派出共136位香港资深社工，于深圳市超过20个社工机构，为近千名深圳市社工提供督导服务，致力协助国家发展本土化的专业社会工作。

由于前线社工发展与机构发展互相紧扣，自2010年底开始，"社研"更为深圳之社工机构提供顾问服务，协助社工机构发展及社工事业发展，为社工机构提供战略发展规划、建设及落实机构使命、宗旨和愿景、完善管理制度、为机构建设有特色的服务以及在规划及管理项目上提供意见。

"社研"一直与内地社工及推动内地社工发展的机构"同心同行"。为了让宝贵的经验得以传承，"社研"更撰写了《内地社会工作实务手册——香港督导经验汇编》一书6册，让新加入社工行列的社工及机构参考，为内地社工之本土化及专业化作出一点贡献，也为准备到内地开展社会工作的香港社工作出指引。

"社研"很荣幸能有机会参与内地社工专业发展，这实有赖国家民政部、广东省民政厅及深圳市民政局领导之信任及支持。奠基于深圳的经验，"社研"准备在未来的日子为"珠三角"地区的社工发展继续贡献绵力，促进内地的社工事业发展。

在此，我衷心感谢曾参与督导及顾问工作的香港机构、香港督导及顾问，没有他们热诚的支持，这服务是不可能进行的。此外，我也感谢各社工机构、用人单位及社工的支持，他们对香港督导及顾问的工作非常重视及肯定。

社会工作本土化是"社研"顾问工作的目标，本书记录了香港顾问在深圳社工机构工作之成果，特色案例介绍及顾问心得。本书如有任何遗漏，请各方给予指导。

目　　录

一、非政府社会福利服务机构历史篇

世界及香港社会福利机构的发展历史 …………………… 周永新（3）
香港民间福利机构之共同议题及发展趋势 ……………… 陈锦棠（6）
内地社工教育及社工机构发展 …………………………… 王思斌（13）

二、香港及内地社会福利服务发展的特征与异同篇

香港及内地社会福利服务发展的特征与异同 …………… 梁祖彬（19）
香港社会福利服务界的"五社" ………………… 卢永靖　詹满祥（23）
中国社会工作发展概况与展望 …………………………… 徐瑞新（29）
广东省社工机构现况、挑战及展望 ……………………… 林惜文（33）
深圳社工机构发展及聘用香港顾问之源起 ……………… 李光明（40）
香港社福机构管治及管理——政府的角色 ……………… 聂德权（45）
共识于社会服务　携手在培育人才 ……………………… 李敏兰（49）

三、香港机构服务运作及发展特色案例分享篇

群策群力谨守社工服务精神 ……………………………… 陈月华（55）
跨境学童服务 ……………………………………………… 张玉清（58）
建正面团队　迎时代挑战 ……………… 基督教香港信义会社会服务部（62）
追求卓越　与时并进
　　——协康会的管治及管理经验分享 ………………… 曾兰斯（66）
圣雅各福群会推行内部审计以改善服务质素 …………… 赖锦璋（75）

四、内地与香港机构在内地社工发展及督导计划之心得分享篇

良师益友，希望同行
　　——机构顾问工作述略 …………………… 深圳希望社工服务中心（85）
得着全方位指导的要素 …………………………………… 冯婉娴（88）
项目及机构顾问对我们的帮助 ……… 深圳市春雨社会工作服务社（90）
深圳市春雨社会工作服务社顾问工作响应
　　…………………………………………… 香港路德会社会服务社（92）
牵手香港社福机构　共创深圳和谐社会 ………………… 张会杰（93）
深港手牵手　社工心连心 ………………………………… 卢兆荣（97）
机构顾问服务经验分享 …… 深圳市龙岗区彩虹社会工作服务中心（100）
深圳社工机构人才队伍的建设与成长 …………………… 彭盛福（103）
深圳市宝安区尚德社会工作服务社的合作与成长
　　………………………………… 深圳市宝安区尚德社会工作服务社（107）
共同孕育的成果 …………………………………………… 何仕泉（110）
于组织管理中强化公益的力量 …………………… 杨成　黄媛（113）
与正阳一起走过的日子
　　——回顾深圳"正阳策略计划"历程 ………………… 区伟祥（118）

五、"社研"推动内地社会服务发展的角色与贡献篇

要与现世界接轨 …………………………………………… 陈圣光（125）
一点光荣　一点分享 …………………………………… 关何少芳（129）
"社研"协助深圳建设社工队伍的第一个实体服务
　　——"盐田计划" ……………………………………… 周敏姬（132）
从参与社工督导到机构顾问工作
　　——谈内地社会服务工作及社工专业成长 ………… 彭盛福（135）
社会工作督导与社会工作价值观 ………………………… 武婉娴（140）

六、内地社工发展与督导计划的意义及其历史任务篇

春天盛放的花儿 …………………………………………… 詹满祥（145）
与东莞的专业社会工作一同成长 ………………………… 陈安发（148）
香港顾问平台服务成效 …………………………………… 卢永靖（154）

七、内地社工计划香港顾问随笔与畅论篇

等待花开的日子（一） ……………………………… 梁颖红（159）
等待花开的日子（二） ……………………………… 冯婉娴（161）
深圳社工和谐花园图 ………………………………… 卢兆荣（164）
在"中国国情"与"香港角度"间踟蹰 ……………… 黄国基（166）
从深圳社工督导到社工机构顾问有感 ……………… 陈惠仪（168）
顾问工作是挑战，也是良机 ………………………… 张玉清（170）

跋 ………………………………………………………………（171）

社会服务发展研究中心简介 ………………………………（173）

一、非政府社会福利服务机构

历 史 篇

世界及香港社会福利机构的发展历史

周永新

香港大学社会工作及社会行政学系讲座教授

（一）引言

福利是什么？简单来说，是促进及改善人们生活的条件或环境。例如，人要生活，就必须有足够的食物，供应食物给有匮乏的人就是福利。社会福利又是什么？福利加上社会，指的是集体措施，涵盖的范围就要广阔得多。再以食品供应为例，人饿了，没有食物，给他补充的可能是家人、邻舍或朋友；但如果饥饿的人数以千万计，供应食物就不能单单倚赖亲友，必须有集体措施，除民间力量外，必要时政府也要出面提供协助。

福利机构是什么？从发展的角度看来，就是把集体的福利措施制度化。如一次天灾，数以万计的灾民欠缺食物，短暂性的救援或可解决，待灾民得到安置后，救援也可停止。但如果灾民需要长期协助，无法在两三年间自食其力，救援措施便得从短期变为长期，甚至成为政府必须肩负的责任。这样，集体措施变为恒常化，必须有资源维持措施的延续性，更必须建立组织架构以确保措施有效及公平地推行。这就是社会福利机构成立的缘由和法理基础。

（二）世界社会福利机构的发展历史

这里所讲的世界，其实是指欧美国家，那些到了今天仍是领导世界福利发展的地区。以欧美国家而言，集体福利措施早已存在，但跟今天的情况很不一样。首先，国家观念到了19世纪才在欧洲兴起，在此以前，国家经营的集体福利措施并不存在，那时的政府权力十分有限，控制的资源微不足道。这样，19世纪前，集体福利措施存在吗？

政府虽没有什么权力，但在欧洲的传统里，教会却是庞大和拥有无限权力的组织，只要看看遗留下来的宏伟教堂如何金碧辉煌，便可知当日的教会是何等强大。教会的事工之一，是照顾教区内民众生、老、病、死等方面的需要，资源来自百姓交给教会的捐献，数目一般比向政府缴纳的税收更多。教会又最接近人民，民众生活有困难，通常都是转向教会寻求协助。

到了国家主义（Nationalism）兴起，政府经过人民授权逐渐取得更大的权力，特别经过两次世界大战，为了抵御外敌，人民把更大的权力交给政府，国家资源也高度地集中在政府手上。战争结束后，百废待兴，唯有透过政府的庞大组织才可确保人民得到基本的温饱和保障，而就是在这样的情况下，无论是奉行资本主义或社会主义，欧洲多国推行福利国家主义（Welfare State）制度，即由政府照顾人民从"摇篮到坟墓"（from Cradle to Grave）人生各个阶段的需要。

政府要提供福利服务，自然要建立相关的行政架构，而社会工作等专业也乘时而起。在政府福利机构相继成立之时，以上所提教会推行的慈惠工作并没有完全消失，提供的协助虽减少，但教会资源常用来补充政府之不足；而公民社会的兴起，也使众多志同道合的群众团结起来，为本身追求的理想而努力，其中包括照顾社会上的弱势社群，为他们发声，也为他们提供实质的协助。

必须补充的是，美国在传统上与欧洲各国有不同的价值取向，又因战争带来的伤害较少，所以在福利制度上，美国并未成为福利国家，却较着重个人自力更生，也较倚赖民间团体为弱势社群提供协助。因此，美国福利机构多是民间组织，目的和性质五花八门，而政府的福利架构也相对地没有欧洲各国这么庞大。

（三）香港福利机构的发展历史

如欧美的经验一样，香港的集体福利措施并非由官方开始。英国于1842年占领香港后，目的是要发展香港作为商埠，并以此作为进入中国内地的桥头堡。因此，对当地居民并没有特别照顾，更没有提供什么福利措施。

但香港成为英国殖民地后，逐渐从原有的渔村蜕变成为经商和贸易中心，人口也急速增加。值得注意的是，从开埠以来，香港出现的社会问题和市民遭遇的困难，不多不少都与人口转移有关。香港第一家本地居民发起的慈善组织（今天称福利机构或非政府组织）成立的目的就是要照顾那些"落难异乡"的大陆同胞，让他们患病时得到治疗或协助他们返回原居地。这家慈善组织即今天的"东华三院"，而稍后成立的保良局，性质也十分类似，只是对象由贫苦大众转向保护妇孺。

除本地居民发起的慈善组织外，另一股力量是外国的教会组织，它们在传教之余，也开办各式各类的福利机构，为老、弱、伤、残者提供服务。这些教会组成的福利机构，经营的服务涵盖教育、医疗和福利等领域。可以这样说，从开埠以来，到20世纪60年代，香港的福利机构大多有宗教组织背景，而到了今天，香港的福利机构虽多由政府资助，但负责运营的仍多是非政府机构，政府也鼓励它们存在下去，增加民间参与的机会。

从发展的角度看，香港福利服务的提供有其独特的形式。欧美的经验是，福利开始时多由民间发起，但当政府负担起经营经费时，负责推行的机构就以政府部门为主，民间组织的规模逐渐缩小，接触的范围趋向专门化。

香港的情况是，非政府机构仍是主要的服务提供者，虽资金多来自政府，但在经营方式上，非政府机构仍可维持相当的弹性，只要没有违反与政府签定的合约，如何达到满足服务对象的需要，非政府机构是可自行决定的。

这种官方与民间福利机构并存的体制，在国际上是少见的，显示在香港的特殊情况里，非政府福利机构仍能寻求自我的生存空间，让服务受众得到适切的服务，不因时代的转变而消失。政府方面，在延续传统福利组织的贡献之余，也能令服务的提供减去官僚作风的窒碍，让民间有更多的参与空间。

（四）结论

集体福利措施的提供，目的是要让民众得益，所以提供服务的机构，只是一种工具。工具应随时代而改变，一成不变的机构只会令人感觉越来越不称职，未能追上时代，也非民众的愿望。

外国提供福利服务的经验值得参考，特别是有科学根据的更值得学习。不过，在建立自我的福利系统时，也必须留意中国社会的特色及我们国家的发展情况。这样，建立起来的体制和服务的架构，才能达到维护和促进民众福祉的目的。

香港民间福利机构之共同议题及发展趋势

陈锦棠
香港理工大学应用社会科学系首席讲师

（一）引言

20世纪90年代"新公共管理（New Public Management，NPM）"之出现，对公营机关作出了革命性的改变。香港的民间福利组织，亦面对不少的转变，包括与津助和服务监察相关的如"服务表现监察机制"、16项服务质素标准的推行、竞投（Competitive Bidding）的引入、"整笔拨款"（Lump Sum Grant）方案，此外还推出了以地区为本之规划制度等。

随着这些津助制度的转变，许多民间福利组织为了得到更多资源，往往会因应津助机关政策的议程而改变机构的目标及服务性质。短期来说，接受这类津助可以令机构维持运作，但却要承担长远后果，就是机构可能会失去原有目标，甚至以津助机关为主导，转为"由上而下"的需要界定（Need Identification）的机制，失去自主性和独立性。

本文的重点将基于以上的背景探索香港现时民间福利组织所面对的共同议题，并且讨论民间福利机构如何响应以及未来发展的趋势。

（二）香港民间福利组织之状况

1. 政府和民间福利组织之关系

香港之福利发展最早是源于民间组织和宗教团体，从一百多年之发展来看，资源独立性颇强，到了20世纪60年代中政府才有正式之参与，70年代第二份社会福利白皮书正式肯定民间福利组织之贡献，并提出"伙伴关系"（Partnership Relationship）之概念。但到了90年代，由于"新公共管理"之涌现，政府之管理哲学趋向强调"衡工量值"（Value for Money）及生产效率（Efficiency）之概念，再加上经济之下滑，政府和民间福利组织之关系亦改为

"合约关系"（Contractual Relationship），其中政府之角色转为购买者（Purchaser）而民间福利组织则转为服务提供者（Service Provider）。在新系统之运作下，不同之民间福利组织在服务提供上须以服务合约形式来取得资源以提供服务，服务之方向及内容亦须符合政府之方向及方针。此外，在问责关系上，政府则转为"监察者"（Monitor）和协调者（Regulator）之角色，经审订服务水平后，才决定是否继续提供资源。故此，两者之间亦渐渐产生张力（Tension），甚至有矛盾和磨擦。此外，民间福利组织亦慢慢地失去了以前先锋者（Pioneer）之角色和地位。

2. 自由经济下的不干预政策对香港民间福利组织产生的影响

相对于中国内地，香港政府以往一直都是采用不干预政策。早期之福利及社会服务（包括医疗和教育）一直都是以民间组织或宗教团体为主要之提供者，政府之角色相对为次要。

自20世纪60年代及70年代起，由于香港经济起飞，政府亦开始投入较多之资源于福利、教育和医疗等公共服务，许多服务之提供转由政府以拨款（Subvention）或津助之方式交由民间福利组织代为提供。

此外，香港政府之不干预政策亦对许多海外团体或宗教团体大开门户，容许自由发展，故此20世纪60年代及70年代亦有许多海外民间组织及宗教团体到香港提供服务，对香港之福利及教育事业有很大之影响。

但到了20世纪90年代，政府仿效澳纽及欧美等国家之改革方案，引入市场机制，一方面容许私人公司以投标来竞投服务。另一方面，亦容许私人市场来提供一些含福利性质之照顾服务（如私营安老院），政府则以买位方法来提供服务予有需要之长者，在这种情形下，香港之民间组织渐渐变成一种所谓"混合经济之照顾模式"（Mixed Economy of Care）。由于混杂商业元素，民间福利机构的非营利性质变得模糊不清。

3. 市场化对香港民间福利组织之巨大影响

由于政府对福利服务及其他公共开支之削减，不少民间组织面对开源节流之挑战。在节流方面，不少之民间福利组织进行"改善生产"计划（Enhanced Productivity Plan）来提高服务之生产或控制成本（Cost Control），对于服务生产或提供之程序，亦进行多项之"流程重整"（Process Re-engineering）方案，以达到减少浪费，提高生产之效果的目的。

至于开源方面，概念上民间组织亦有不少之突破，例如引入商业之运营概念和方法。近来香港一些民间福利组织以一种"社会企业"（Social Enterprise）之方法来运营，更提倡"社会企业精神"（Social Entrepreneurship），鼓励冒险、创新，追求突破，以服务商品化之概念推展至中层人士，服务亦开始走向"自负盈亏"之"自我资助"（Self-financing）模式，以确保服务能够维持。

另外，香港政府开始探索如何鼓励私人市场或企业更积极投入公益服务。近年香港亦引入欧美所谓之"企业公民"（Corporate Citizenship）之概念，鼓励私人企业在营商之余，亦须回馈社会，承担企业社会责任（Corporate Social Responsibility），为社会作出贡献。

（三）关于民间组织的政策议题

1. 津助的减少及对社会企业精神的需求

福利改革的其中一个方向是鼓励民间组织以创新手法来运作，鼓励机构聘请来自不同界别（特别工商界）人才加入董事会，提供意见，改善运营。然而，这些来自工商界的人士跟其他一直工作于民间福利组织的成员，对"福利"的一些概念持着不同的理解和演绎，这可能会引起成员间的矛盾和磨擦，影响董事会决策的成效。

2. 管治和问责

"服务表现监察制度"以及"整笔拨款"制度推行后，提高了机构财政的弹性，个别机构可按个别情况而调整。不过，同样地这些决定亦促使民间组织更需要提高其问责性。董事会的管治是如何对民间组织作出适当的监察及责任，相信是重要的课题。

3. 成本效益与成本信息的运用

在"整笔拨款"制度下，民间组织不但可把未用的拨款保留，而且全面的绩效管理亦须机构在计算成本时，考虑提供服务项目的整个流程（包括投入、过程、产出等）的效率，令服务达到更高的成本效益。此外，引入竞投模式亦希望民间组织能更有效地运用社会资源，这对以往一直由政府津助的机构来说尤其重要。例如成本信息可让决策者知道如何在有限的资源下，制订最好的服务计划，有助提高机构提供服务之成效，并令分配资源到各个项目的程序更有效。

4. 重新定位与民间福利组织的能力提升

推行"服务表现监察制度"及引入"竞投模式"后，公众期望机构的服务表现水平比政府所订的"服务质素标准"会更高。此外，随着合约管理模式在服务界别中越趋普遍，机构成本效益成为决定机构表现的重要因素，这导致机构在开拓收入来源或筹募资金方面变得更积极。

不过，合约管理项目越来越多的状况，却取代了倡议方面及机构发展方面的工作。有关探讨福利改革带来的影响及能力提升的必要性也越来越大。因此，能力提升及能力建设亦为民间组织的重要议题。

5. 董事会与职员的矛盾和冲突管理

董事会与职员间在财政压力下和合约管理下产生的许多问题，或会出现领导完全失效（Absence of Effective Leadership）的情况。因此，在不断转变的环境下，机构的董事扮演重要的角色，其表现会影响机构的发展是否跟其目标配合，或为能否维持机构内的团结等重要因素。

（四）香港民间组织的新策略及提升能力的方法

假如从两个分析层面来看，即"弹性—控制"及"内部—外部"，则香港民间组织可利用四个可行方案作为未来发展方向的参考（见下图）：

1. 重新定位（Re-positioning）

重新定位乃机构借着推出新服务及进入新市场竞争的策略，目的是让机构适应环境的转变以及增加机构的竞争力。

我们或许可从一些例子看出机构如何透过重新定位来响应小区的转变。例如甲机构在成立时，其服务小区主要是工业区，故工人及区内市民是主要服务对象。然而到了20世纪90年代，因为香港许多任务已转移到内地，加上越来越多从内地来的新移民迁入社区，于是机构便推出转职工友服务、新移民服务等来迎合小区内服务对象的需要。直至早期"非典"（SARS）爆发后，机构便开始跟小区内的医院合作，推出专为区内人士而设的健康服务计划，藉此满足他们对健康服务的需求。

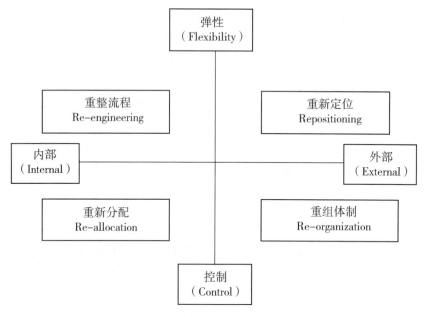

图1 4-R方案的分析架构

2. 重组体制（Re-organizing）

重组体制指机构透过考虑其他可行的方法来促进其发展的策略，在这个策略下，机构会以重组其组织架构、更新提供服务的方法等来配合其制订的新发展方向。例如，社会福利署于2002年重组其管理架构，下放管理及推行服务的权力到12个地区社会福利办事处。重组架构的主要目的，是希望更能因应小区的特色及独特需要来提供服务，并加强服务的响应性及与小区内其他社会福利组织建立伙伴关系。这次架构的重组，亦令其他民间福利组织重组其架构来作出配合，致使他们的管理架构更能以小区为本（District-based）。

3. 重整流程（Re-engineering）

重整流程是民间组织于现有运作下改善竞争地位的策略。机构会透过全面的评估致力改善服务质素和问责。除了政府制订的"服务表现监察制度"中的16项服务质素标准外，民间组织会利用其他方法来评估其表现，例如邀请专业机构进行评估调查、同侪审查等。

譬如在 2002 年，香港社会服务联会（"社联"）推出"业务改进合作计划"（Joint Business Improvement Project，JBIP），目的是协助社会服务机构改善其服务提供。"社联"设计了几个业务改进工具，并鼓励社会服务机构运用这些工具于其运作。其中的管理审核是一个为机构作全面自我评估的工具，辅助他们认清自己的优势及弱项，从而改善机构的服务质素。

4. 重新分配（Re-allocation）

重新分配是机构巩固或收窄服务提供的范畴，使其更能专注地达到已制订目标的策略，这些策略的主要目标是为机构的现状注入活力，引导机构朝着理想方向发展。

重新分配的重要性可从民间组织个别服务的成本结构中看出。结构中不同类别的成本，如固定成本及可变成本，其比例可决定个别项目的盈利。为了提高成本利益，机构往往透过重新分配的方式来改变项目中不同类别的成本来增加盈利。上述的"业务改进合作计划"中的"输出成本计算方法"，正是针对这种成本结构分析来作出重新分配的项目。

（五）民间组织未来的发展趋势

美国著名学者 Sarri（1992）曾指出，社会服务管理者需要面对许多挑战，并提出了 9 个未来发展的可能方向：

（1）生产过程必须下放权力及加强组织性，以达到机构原先订下的目标。

（2）信息系统须为员工、顾客及决策者而设立，务求达到问责、质素控制以及每个员工或部门都能使用所提供的信息来改善机构的表现。

（3）对关于机构市场化问题，机构须作出平衡以确保能达到公平及平等的目标。

（4）社会服务行政者需要平衡社会公义和社会公民这两个有冲突的目标，并顾及经济稳定和减少财政赤字的需要。

（5）鼓励有创意的领导方式及决定，以便作出能保持机构活跃性，但需要承担风险的改变。

（6）将服务对象提升为能自决和自控的主体，而其家人及其他人士则成为执行家庭管理模式的客体。

（7）透过组织联盟来建立网络，促进机构间的合作。

（8）鼓励参与性决策和实践研究作为处理转变的策略。

（9）鼓励员工的持续进修，令他们更积极地适应转变和新挑战。

虽然 Sarri 是针对美国的情况而提出以上方案的，但这些方案对香港的社会服务也有一定的参考价值。此外，近年企业亦积极地推展了企业社会责任，参与了不少的慈善或公益活动。因此，民间组织和企业进行很多的合作活动，官、商、民三方协作相信会是未来发展的重要方向，跨界别的合作和知识转移相信也是重要的新议题。

（六）总结

本文的重点是探讨民间组织所面对的许多问题，包括财政限制、公众问责的需求以及社会问题的复杂性，并且提出如何响应环境转变的可行方案。希望在未来的发展中，香港的民间组织凭着其坚定的抱负、使命及创新策略，来面对挑战，为弱势社群提供服务，打造更和谐的社会。

内地社工教育及社工机构发展

王思斌

北京大学社会学系教授、中国社会工作教育协会会长

（一）中国社会工作教育发展的历史与现状

中国的专业意义上的社会工作始于20世纪20年代，1925年燕京大学社会学和社会服务系的成立是其标志。20世纪30—40年代，社会工作有一定发展。1952年社会工作随着社会学学科一起被取消，1979年后，随着社会学的恢复重建而得到发展。1980年代，雷洁琼等前辈开始倡议恢复社会工作，民政部也积极倡导。1986年，当时的国家教委决定在高等学校试办社会工作与管理本科专业，1988年，国家教委批准北京大学、中国人民大学、吉林大学等开办社会工作与管理专业，1989年北京大学正式招收社会工作专业本科生，并在民政部支持下招收社会工作方向的硕士研究生，大陆地区的社会工作专业教育开始重建。到1999年底，大陆地区开办社会工作本科专业的学校为27个，另外有一定数量的非本科院校也开办社会工作专业。1999年，国务院转发了教育部的《面向21世纪中国教育振兴行动计划》，决定开放办学自主权，扩大高等教育规模。在这一政策的影响下，2000年以后社会工作本科专业数量连年快速增加。2006年10月召开的中共十六届六中全会决定"建设宏大的社会工作人才队伍"以促进和谐社会建设，有力地推动了社会工作的发展。至2012年9月中国大陆共有266所大学招收社会工作本科学生。从2009年开始，大陆地区开始开办MSW（社会工作专业硕士）教育，至今已经有60所大学招收社会工作专业硕士研究生。一些学校在社会学、社会保障名下招收社会工作与社会政策方向的博士研究生。现在，大陆地区高等院校每年招收本科以上社会工作学生约15000人。

20多年来，中国大陆的社会工作教育得到了快速发展，中央政府积极促进社会工作制度建设，这在世界范围内都是十分突出的。

(二) 社会工作教育先行及其意义

中国大陆的专业社会工作是以专业教育为先导发展起来的,我们称这种现象为"教育先行"。在国际上,一般地,社会工作教育是落后于社会服务实践的,或者说,社会工作专业教育是社会服务实践进一步发展的要求。但是,大陆社会工作教育的发展具有不同于其他国家和地区的特点:第一,社会工作专业教育优先发展,即在社会变迁和体制改革总体上还没有明确提出发展专业社会工作要求的情况下,与国际基本接轨的社会工作专业教育就先发展起来。第二,当时中国的整体改革还没开始,复杂的社会问题尚未形成,计划经济体制下的社会保障制度和社会管理体系还在发挥作用,传统的工作方法还部分管用。所以专业社会工作与社会服务的本土实践有一个比较、磨合的过程。

社会工作是一个应用性、实践性很强的学科和专业,其专业知识和方法必须在实践中得以应用和发挥作用。但是当时大陆的社会工作专业化是在教育领域,还不是在实践上的行动,因为中国的社会福利服务体系、社会体制还没有改革,受过专业训练的社会工作人员不能进入相应的服务领域和岗位开展服务。这表现为社会工作专业人才"英雄无用武之地",这也被有些人称为"超前发展"。实际上,今天看起来,社会工作教育的"先行"或"超前发展"有十分重要的积极意义。200多所开设社会工作专业的院校、相当规模的社会工作教师、每年1万多人的社会工作专业毕业生,通过各种行动和方式,建构着有利于社会工作发展的气候和环境。正是因为这些努力,民政部门和其他相关部门才对发展社会工作更有信心,才有中央一系列政策的出台。实际上,时至今日,大陆的社会工作依然有教育领先的明显特征:社会工作专业教师在各地开展对实际工作者的培训,各地建立的社会服务机构主要由社会工作专业教师或毕业生领办,或者他们在其中发挥重要的督导、咨询作用。这些都保障了中国大陆社会工作向着专业化的方向发展,提升了大陆社会服务的专业化水平。

基于对社会主义市场经济发展前景的判断以及专业社会工作在社会服务、改善民生、解决社会问题、促进社会和谐中发挥的积极作用,中央政府才决定进一步发展专业社会工作,中央18部委、19部委文件表明了这一点。

(三) 大陆社会工作机构的发展及需要解决的问题

经济体制改革30多年,政府正在逐步退出直接进行社会服务的领域,非营利组织和社会服务机构有所发展。但是，由于社会保障、社会福利制度的转型刚刚开始，与社会主义市场经济体制相适应的社会体制建设也刚刚起步，所以，各种社会组织对政府还有较强的依赖性，独立的非营利部门、社会服务机构相当羸弱。

近几年来，中央政府也在注重民间组织包括社会服务机构的发展。2011年中央18部委文件表示，在推动社会工作专业人才队伍发展时，要坚持党委领导，政府推动，社会参与，突出重点，立足基层和坚持中国特色的原则。与此相一致，中央政府放宽了社会服务类民间组织的注册规定，民政部门对公益慈善、社会福利、社会服务等类型的社会组织履行登记管理和业务主管一体化职能（即由民政部门负责登记和管理，简化了登记程序）。在这一过程中，一大批由社会工作教师和毕业生领办的社会工作机构发展起来。在政府购买社会服务政策的支持下，社会工作机构提供专业性、人性化、个性化、创新性的服务，取得了扎实的效果，其通过解决民众困难，化解社会矛盾，获得了民众与政府的高度评价。这在东部沿海地区，尤其是深圳、广州、上海等大城市已经成为令人瞩目的风景线。2012年中央财政出资资助社会服务机构，并决定将继续资助和购买社会服务机构的专业服务，表明了中央支持社会服务机构的政策导向。社会工作机构作为服务型社会组织的重要组成部分，将会得到新的更大的发展。

大陆社会工作机构面临着前所未有的发展机遇，但是也有一些亟需解决的问题。主要包括：第一，社会工作机构的合法地位还不够高。一些地方政府对这类机构的性质认识不清，支持不够。有的基层政府认为社会工作就是志愿者，有的甚至让社会工作机构去"维稳"。第二，社会工作机构的经费来源不足。现在社会工作机构的经费来源，一靠政府委托服务，二靠社会捐赠。政府委托服务的经费比较紧张，有时还拖欠。完全民办的社会工作机构基本上没有接受资助的免税资格，自己又没有基金支持，所以服务经费严重不足。第三，社会工作者的待遇偏低，影响了他们工作的稳定性。各地对社会工作专业人员的工资定价较低，社会工作者的基本生活得不到保障，自然会影响他们的工作积极性，以致影响机构的稳定性。第四，社会工作者的能力不足。由于大陆专业社会工作者的年龄较轻，实践经验不足，督导又不十分有力，所以他们在处理一些复杂问题时，显得有些经验不足。这也影响了社会对社会工作的评价。

总的来说，在大陆，政府与社会服务机构的关系是政府主导下的合作关系，政府支持社会服务机构发展，社会服务机构通过服务帮助政府解决民生问题，同时促进社会秩序的稳定。当然，社会组织也有机会向政府反映民生方面的问题，倡导修订和完善政策。这样，上述问题的解决就要从两方面着手：一方面，政府要尽快制定和落实关于社会服务机构包括社会工作机构的相关法律规定，保障它们的合法地位，以利于它们更好地发挥作用。另一方面，社会工作机构要提高自己的服务能力和与政府合作的能力。社会工作要走专业化与本土化相结合的路，专业社会工作者要学习本土实践工作者处理问题的经验，尽快成熟。在此过程中创新服务，彰显自己，扩大影响，并与本土实践工作者一起，共同建构符合中国社会需要、有中国特点的社会工作模式。

二、香港及内地社会福利服务发展的特征与异同篇

香港及内地社会福利服务发展的特征与异同

梁祖彬

香港大学社会工作及社会行政学系教授

从政治、社会、经济及历史来分析，中国内地与香港的社会福利制度都非常不相同。中国以社会主义立国，建立以单位为主体的社会保障和社会福利体制，个人的社会需要由单位全包下来。在计划经济的"大政府、小社会"的社会模式下，民间组织发展落后。在近年社会化的"小政府、大社会"的社会发展思想主导下，举办福利机构、慈善组织和社工专业的发展才获政府重视，但政府的角色仍然为主导。不管是英国殖民统治时期，还是目前"一国两制"下，香港都享有其独特的政治、经济及社会政策。民间非政府组织提供社会服务已有超过一百年的历史。由以前殖民地政府的积极不干预政策到特区政府的"小政府、大市场"政策，都是发展民间组织和公民社会的良好环境，而政府一直只是一个补救角色。

虽然两地的福利发展在体制上差异极大，但伴随着中国内地社会的急速现代化，社会问题，如贫富差距扩大、家庭制度的减弱、人口老化、青少年不良行为增多等，两地的交流在近年开始日渐频密，互相分享应付问题的经验。多年来，香港社工界对内地社会服务发展亦积极地提出帮助，构建社工专业队伍和专业福利服务体制。本文尝试把两地的社会及福利服务体制不同及相同之处带出，以便作为互相学习及引用时注意的要点。

在行政架构上，中国内地可分为中央、省、市、县/区/镇和街道/行政村多个层面的政府以分担制定政策、财政和执行任务的责任。作为一个特别行政区，在"一国两制"的大前题下，中央政策只管香港的外交及军事事务，香港的行政、司法和财政都是独立的。例如，中央政府不可向香港征税，香港的福利政策亦不需要跟从内地政策。而特区政府下面亦没有下一级的地方政府，即区政府。

在管治理念上，虽然内地已进行市场化改革，从而与以往的中央策划分配社会资源模式渐行渐远，但政府仍然主导经济及社会运作。透过每5年一次的经济及社会发展计划及近年的长期战略性规范的政策统筹社会发展方向。然而，在执行政策方面，地方政府可以灵活地落实政策。但由于财政实力和领导的重视不同，因而可能在不同地域出现政策执行上极大的差异和不公平。而香港以"市场主导、政府促进"为管治核心价值，因此极少作长期政策规范。作为一个小政府，政府在社会服务上开支是比较低的。由于特区政府在制定和推动政策方面缺乏权威，面对经常出现的政治争议，特区政府需要咨询民意和获民意共识，并受到司法复核的挑战（内地的行政诉讼），政府的行政效率低，行政成本高。但好处是政策争议可以引起市民广泛讨论，减少犯错机会。

在经济实力方面，内地已是全球的第二大经济体系，其外汇储备达3.3万亿美元，居全球第一。但其2011年的国内人均生产总值只有美金8,382元（以购买力计算），全球排名92位，可以被列为中等收入国家。香港的人均生产总值有美金49,137元，全球排名第5位，差不多是中国内地的6倍。其外汇储备只有美金2,900亿元，全球排第9位，但排在香港前面的都是国家，而香港只是一个城市。此外，香港因多年来的财政盈余而累积有6,621亿港元财政储备，足够香港政府两年多的运营经费。在社会发展方面，根据联合国编制的人类发展指数（以人均生产总值、教育和平均寿命为指针），中国内地在2011年全球排名101位，被列为中等社会发展国家。香港特区则排名第13位，被列为极高社会发展的地区。因此，香港是一个极富裕的城市（欠债极少），内地在经济及社会发展方面都与其有很大的差距。

在社会保障方面，内地改革开放以来，不断改革社会保障制度，已由一个以单位为核心的制度迈向社会化。现有的社会保障制度以雇主及个人供款的社会保险计划，涵括了退休、医疗、失业、工伤和生育等领域。透过不同的计划，基本上达到了"广覆盖、低保障"的效果，迈向福利国家全民/普惠型的理念。反观，虽然香港经济实力比一些欧洲福利国家还要高，但香港并没有发展成为福利地区。直至目前，香港还没有强制性的退休、医疗和失业社会保险计划。香港是以社会救济（综合社会保障计划）为社会保障制度的主体，配合政府补贴的社会服务。整体来说，两地政府在社会开支上都是"小政府"，少于国内生产总值的10%，只有发达国家平均开支比例的一半以下。以政府社会开支占政府总开支比例计算，香港地区是大约六成，与发达国家平均数字差不多，而中国内地则只有三成左右。

与其他发展中国家比较，中国内地的脱贫政策非常成功。在贫困人口估计方面，用绝对贫困指标计算，内地在2011年有大约1.23亿贫困人口，比2010年的2,700万增加4.5倍（因2011年大幅提升贫困线由人均年收入1,274元增至2,300元）。目前的贫困人口数字与世界银行以人均每天开支1.25美元的国际贫困线计算比较接近（两亿人）。另外，中国内地共有 7,600 万人（农村 5,290 万人；城市 2,340 万人）正接受最低生活保障计划的帮助，占总人口的 5.7%。在香港，以人均收入的中位数（相对性的贫困线）计算，2010 年有 126 万人生活在贫困线以下。在 2011 年，接受综合社会保障计划援助的人数亦达 47 万人，占总人口的 7%。两地的社会保障极不相同，但贫困数字高亦反映了两地的社会保障制度严重不足。从基尼系数所反映的社会收入差距情况看，香港的指数一直以来都是偏高的，2006 年达到 0.533，在全球 140 个经济体之中排最不公平地区的第 15 名。而中国内地则是在短短的 30 年之内，由一个收入极公平的国家变为不公平国家。2009 年的基尼系数为 0.475，在全球 135 个国家中排名第 36 位。两地政府都面对收入差距扩大，影响社会凝聚力和社会稳定的挑战。

中国内地在社会福利服务发展方面极为落后。在计划经济体制之下，政府及党所推动的群众组织，如共青团、妇联及工会都是在单位内提供补充的服务。单位提供一切有关社会保障、就业安排、救济、家庭调解、青年帮教、养老、文娱康体等服务。政府开办福利院，收养"三无"对象（无工作能力、无生活来源、无家人照顾）。在 20 世纪 80 年代中期，民政部开始推广社区服务，以扩展长者和残障人士照顾。社区服务是以街道办事处、居民委员会/村民委员会为核心的服务。这些群众组织与政府关系密切，对群众来说，他们都是党政不可分开的一部分。社工专业教育亦开始发展，但社工岗位却到近几年才开始出现。伴随着福利服务的发展，慈善组织包括慈善基金和民办非企业单位迅速增长。面对慈善组织公信力、筹款能力和透明度低、人才缺乏的挑战，《中国慈善事业发展指导纲要（2011—2015 年）》指出，发展工作包括建立完善慈善事业法规政策体系、促进慈善组织发展、加强慈善人才和志愿者队伍建设、不断拓展慈善资源、建立完善慈善事业监管体系和加强慈善文化建设。而在近年的"小政府、大社会"社会管理理念主导下，不少地方政府正积极推广向社工机构购买服务。因此，一些省市如广东省、上海市和北京市都出现了新登记的社工机构，以协助政府提供福利服务。

在早期殖民地管治下，香港政府在福利服务的推动方面扮演着有限和剩余福利的角色。福利服务工作一直是依靠非政府组织提供，包括一些传统慈善机构、教会承办机构和专业人士组成的机构及后期的一些自助组织。20 世纪 60 年代中的"暴动"和经济起飞，推动了政府提升对福利服务的承担，福利服务与医疗、教育和公共房屋成为稳定香港的四个支柱。早期，青少年和家庭为服务发展重点，到 20 世纪 90 年代后，长者及复康服务渐成为福利服务开支的主要内容之一，是除了综合社会保障援助计划以外最大的福利项目。八成的主流服务为非政府机构透过政府的购买服务向市民提供，而政府只负责提供一些核心服务，如家庭服务、感化服务和医务社工。2011—2012年，政府向171间非政府机构提供共超过90亿元的拨款。根据民意调查，一般市民对非政府机构大致上信任，但认识不深，只知道几间大机构的名称。多年来，香港透过不断向先进国家学习及本地化，其福利服务的质素和多元化及专业社工的水平都成为了亚洲最好的地方。

2000年引入的福利改革，所推行的"整笔拨款"制度，进一步提高了非政府机构的财政管理责任和灵活性，而通过"新服务投标制度"以加入市场竞争机制和"服务表现监察制度，（服务资助协议和服务表现标准）则强化了服务监察和问责。与内地比较，香港在慈善捐款和企业社会责任方面发展得很好，而内地则极需要使福利资金来源多元化。发展社会企业是两地共同的方向。相同地，两地在志愿服务方面，市民的参与度极需要大力提升。

两地的福利服务和社工的发展环境和水平差距很远，但同样地都因面对人口老龄化、家庭制度的改变和年青人行为问题的挑战，需要加强福利服务发展。两地的政府都了解到政府不可以包办所有的服务，因而需要向社会组织购买政府非核心服务。有效的购买服务需要有承担能力的机构和监察制度，香港正考虑制定慈善法以加强非政府机构的透明度和向社会作交代的机制。而内地亦正透过不同的试点以扶持社工机构/民办非企业单位的发展，从而建立购买和监察服务机制。多年来，内地在社福服务和社工专业发展方面都不断向香港学习。相信随着内地的不断改革和开放以及两地交流和合作的机会增加而阻碍因素减低（如香港机构注册、财政来源、税务、社工就业和工作文化），香港的非政府机构可以在内地社会服务发展方面扮演更积极的角色。

香港社会福利服务界的"五社"

卢永靖

香港路德会社会服务处副执行总监

詹满祥

香港路德会社会服务处内地事工统筹主任（深圳及广州）

香港社会福利服务界有5个以"社"字为首作简称的机构或团体，分别为社会服务发展研究中心（"社研"）、香港社会服务联会（"社联"）、香港社会工作者总工会（"社总"）、香港社会工作人员协会（"社协"）及社会工作者注册局。这5个机构或团体在香港社工领域里有不同之分工及角色，简单来说"社研"扮演促进内地与香港两地社工交流，协助内地社工专业发展的角色；"社联"作为行业联会机构，联系业界及促进业界与政府及社会大众之沟通；"社总"作为工会组织团结社工及社会工作服务从业人员发声及争取权益；"社协"是一个发展及提升社工专业水平之团体等。当然每一个组织都在与时俱进地扮演发挥着很多不同的角色。各位可详阅各组织之文章，对他们有更深入的认识。他们究竟有什么相同及不同的地方？他们各自在香港的社会福利服务界扮演什么角色？相信大家在参阅本文后，会有更多的了解。以下各"社"的简介，是由各"社"提供的，尽量保持原有"风味"。

（一）香港社会服务联会

1. 缘起

香港社会服务联会扎根香港已有65年。20世纪40年代，第二次世界大战结束，香港的经济及社会环境产生剧变，加上大量难民由内地涌至，慈善团体及福利机构遂纷纷成立，为市民提供适切的服务及援助。为了有系统地统筹及策划各种福利服务工作，志愿机构组成了"紧急救济联会"。由于福利机构的数目不断增加，而服务亦日趋多元化，协调和联络的工作变得重要。在1947年，"联会"蜕变而成香港社会服务联会（简称"社联"），并于1951年根据《香港社会服务联会法团条例》（香港法例第1057章）正式成为法定组织。直至2012年3月，"社联"机构会员共有399家，它们透过其属下遍布全港逾4000个服务单位，为本港市民提供超过九成的社会福利服务。

2．内地工作

"社联"在香港是一个代表非政府社会福利服务机构、具清晰信念与专业能力的联会组织，在致力推动本港社会福利发展的同时，又积极搭建与国际及内地社福界的合作与交流平台。除了积极参与国际交流，"社联"早在2004年就已与广东省民政厅签署《合作备忘录》，共同推动粤港社会服务与慈善事业的交流与合作，继而更在2010年与中华人民共和国民政部签订一份《合作备忘录》，双方同意以循序渐进、各尽所能的原则开展定期会晤与交流，并携手推动内地与香港在社会服务领域及慈善事业领域的合作。

（二）香港社会工作者总工会

1．缘起

20世纪80年代以前，香港并无任何代表整个社会工作业界的员工权益组织。

1978年，九龙油麻地避风塘的艇户，居住环境恶劣，引起包括社会工作者在内的社会人士的关注。他们本着社会公义精神，支持受影响的居民向政府争取早日合理安置。在1979年1月的一次向政府表达要求的行动中，包括多名社工在内的76名市民被警方拘捕及检控。这就是香港社会运动史上著名的"油麻地艇户事件"。

事件结束后，社工界有感未能充分保障自己的合理权益，加上当时政府宣布进行"福利职级检讨"，提高政府社会福利从业人员的待遇条件。在非政府机构任职的同工深感不公，要求同等对待。在这两个主要原因之下，一群前线社工觉得需要组织起来，成立一个充分代表社工人员的团体。1980年5月4日，香港社会工作者总工会（下称"社总"）正式成立，至今已逾30年。

2．组织

"社总"根据《香港职工会条例》注册成立。经费自筹，行政及财务独立。宗旨可概括为"团结同工、争取权益、改善服务、支持正义"16个字，除关顾业界员工权益，促进服务发展，亦关注社会政策及基层市民的生活，体现社会工作的公义平等精神。凡受雇政府或非政府福利机构福利职级的雇员及社会工作教育工作者，均可加入为会员。"社总"并设有"社总之友"学生会员制度，辅助学生学习及准备投身工作。理事会两年一届，下设多个功能部门、委员会及工作小组。

（三）香港社会工作人员协会

1. 香港和社会工作人员的承担

承蒙社会服务发展研究中心（"社研"）邀请，为他们的"深圳计划香港顾问交流平台"一书撰文，介绍香港社会工作人员协会（"社协"），十分感谢亦藉此祝贺"社研"的成就。

本人首次以社工的身份到内地交流，是1981—1982年间。这一期间，本人参加了"社协"主办的广州，接着是北京的学习团；在印象中团长团员可能包括李启宇、高李碧耻、古嫣琪等。当时既欣赏"社协"的前瞻远见亦种下了要为国家的社会服务发展做点什么小事也好的心志。

"社协"是一个团结社会工作者、发展社工专业的专业团体，成立于1949年。我们的目标是提升社会工作的水平，让社工人员更具专业能力以应付日趋复杂的社会问题，从而让市民得到更有成效的服务。借着"社协"理事会及其下属多个委员会/工作小组，我们每年提供40多项培训课程，出版专业期刊，举办交流讲座和沙龙，就社会民生议题和政策向有关政府决策局及其他持份者反映意见等，能使香港能持续发展成为公平、公义、有爱、有希望的社会。在2003年"非典"袭港，2008年香港又面对亚洲"金融风暴"吹袭，人心惶惶，社会好像陷入恐惧和绝望之中时，"社协"联同其他社福机构、社会团体、政府及有心人士，开展了"社福界抗炎助人行动"，又共同推出"风雨同路见真心"运动，向港人表达我们与受苦的人同行，对弱势社群不离不弃的承诺和情意。

"社协"于1995年在辽宁省举办第一届"华人社区社会工作专业研讨会"，与来自内地各省市及中国台湾、澳门、香港地区和新加坡、日本等地的社工学者、政府人员、前线同工、督导、机构管理层等，分享交流社工实践和理论方面的议题，包括如何面对"金融风暴"下的危与机、探索可持续发展与社会工作、社会工作与社会发展等问题。在迄今举办的五届研讨会上都有坦诚深广的交流以及严谨的学术报告，各地社工人员所建立起来的支持、信任和友谊，更是极为珍贵的。

2. 培育新一代

"培育社工新一代，以专业贡献祖国与香港"，是"社协"近 5 年来的愿景之一。除了推行"面试""师友"及国情研修班等计划外，来自香港各院校的社工同学们，与不同地区的社工学生团体，包括台北、高雄、澳门等，更于 2008 年开始，每年举行"四地杰出社会工作学生学术交流研讨会"，所涉及的范围包括"毒潮""网瘾""家暴""贫富悬殊"等，同学们对社会现况的敏锐触觉，面对挑战的勇气，与不同文化和社会年轻社工的分享，对促进各地社工的了解和专业发展甚至合作，我相信都能有一定的贡献。

3. 把生命注入社区

2010 年 10 月，在几位资深社工的鼎力支持下，"社协"与"关爱桂城"建设督导委员会、启创社会工作服务中心，签订了"建立战略合作伙伴关系"的三方协议，为"关爱桂城"的各项公共服务提供专业督导和成效分析评估。

与国内外社工携手优化和提升社会福利和社会公共服务的专业水平，鼓励社工持续提升本身的专业能力，是"社协"的宗旨和使命。为此我们愿意继续携手各地社工共同努力提升并一起前进，从而把生命注入社区。

四、社会工作者注册局

1. 成立

社会工作者注册局（"注册局"）乃根据 1997 年 6 月 6 日生效的《社会工作者注册条例》（以下简称《条例》）而于 1998 年 1 月 16 日成立的法定机构。"注册局"财政独立，其权限受《条例》严格规管。《条例》的制订，旨在透过监管机制，监察社会工作者的素质，最终达至保障服务使用者及公众利益的目的。根据《条例》规定，任何不是名列注册纪录册的人士无权使用"社会工作者"的名衔或其他相关描述的称谓。

2. 组成

社会工作者注册局由 15 名成员组成，当中 8 名由注册社工选出，6 名由特区行政长官委任，1 名为社会福利署署长或其代表，每届成员的任期为 3 年。《条例》规定，所有"注册局"成员不会因该职务而获付酬金，他们均以义务形式服务"注册局"。

3. 职能

《条例》第 7 条详列了"注册局"的职能，主要包括：
（1）制订及检讨注册为注册社工的资格标准及有关的注册事宜。
（2）处理有关注册及续期注册事宜。
（3）处理有关注册社工的违纪行为事宜。
（4）备存注册纪录册。

五、社会服务发展研究中心

1. 成立背景

社会服务发展研究中心（下称"社研"），成立于1998 年，为香港注册非牟利服务机构。中心的成立，主要是由一群从事社会福利服务工作的社会工作者及主管倡导和发起。过去一百多年来，中国的传统文化受到西方文化的冲击，在不同体制下，香港与内地发展社会服务的模式与内容存在着异同。这实有需要透过不断的交流、了解，相互学习和借鉴，促进彼此的共融与进步。1997 年，香港回归祖国，在"一国两制""港人治港"的原则下，香港应如何落实两制而又能同时体现一国，特别是在迈进新世纪时，因应两地的文化互动、社会情势需要的转变，加强服务经验交流，促进社会服务以配合时势所需，并作出承担和贡献委实重要，且对两地社会福利服务的发展，有莫大的裨益。

2. "社研"工作

（1）内地社会工作专业发展。由 2007 年开始，"社研"积极配合国家的社工发展工作。"深圳计划""盐田计划"及"东莞计划"是社会服务发展研究中心与内地合作的三个计划。透过这次香港与内地之间的合作，内地可参考香港当年建立社会工作制度的宝贵经验、现时成熟的社会工作制度以及借助多位资深的本地社工的力量，帮助内地更有效地发展具有内地特色的社会工作制度。在"社研"与其他协办机构合作下，派出资深社工督导在深圳市各区社工开展督导工作，以协助内地发展社工本土化事宜。

（2）培训。为促进本港与内地的社会福利服务交流，协助两地社会服务机构发展人力资源，提升业界的服务质素，"社研"积极举办各项专业培训课程、研讨会和分享会，亦与不同的本地及内地机构合作，举行大型研讨会议，让业界能交换彼此经验，掌握最新发展信息，亦能就业界关注的议题进行深入的探讨，扩阔彼此视野和理念。

（3）调查研究。除了促进本港与内地的沟通和交流外，"社研"亦致力进行各项有关内地与香港两地社会的研究调查，为两地政府、决策者和业界提供最新的社会动向和民意，使政策制定得宜，符合社会实际情况和需求。

（4）交流。社会服务发展研究中心自1998年成立以来，多次举办两地的交流考察活动，考察社会福利服务及交流当地风土民情，促进内地与香港两地的相向交流、认识、了解，以便相互学习和借鉴，促进共融与进步，从而进一步增进合作，以发展两地的社会福利服务。另外，为培育更多青年社工为社会福利和社会工作的发展贡献力量，"社研"亦于2011年成立"青年议会"，以凝聚和吸纳更多有承担的青年社工，致力促进两地社福界的社工专业交流和社会福利服务发展工作。"青年议会"为隶属"社研"之青年会员组织，其目标是致力发展成为香港和内地年青社工沟通和交流的重要平台，促进两地专业交流，推动两地社会福利及社会工作专业发展。

（5）推动香港业界发展。为凝聚社福界力量，关怀弱势社群生活素质，替社工争取权益，加强推动内地和香港社会福利及社会工作的发展，为构建两地和谐社会作出贡献，"社研"2011年正式成立"社言港心"工作小组。透过举行不同活动，就社福发展及所关心的民生议题直接向政府有关官员表达意见。

（6）协助内地单位来港交流考察。"社研"的一项重要工作内容，是接待内地不同单位到香港考察社会福利制度及社工发展，以加促内地推展社工服务的步伐。当中亦透过与香港同工的互相讨论和经验分享，提高两地人员的共识和视野，加强两地的交流合作。

中国社会工作发展概况与展望

徐瑞新

中国社会工作联合会会长

(原中国社会工作协会会长)

如果说中国社会工作的前 20 年是恢复、拓展、初步发展的话,那么从 2006 年到 2012 这几年可以说是蓬勃发展、深入实践、逐步体现本土化特色的重要阶段。几年来,中国特色的社会工作取得了卓有成效的发展成果,初步形成了在党的领导下,由政府主导、社会组织运作和公众广泛参与的、实务领域不断拓展的、各地模式发展多元化的、具有中国特色的社会工作实务体系;初步建立起了专业化、职业化水平不断提升的、快速发展壮大的社会工作人才队伍体系;初步开始了与中国特色的社会工作实践活动紧密联系的理论探索和研究工作,体现了全面开创中国社会工作发展新局面的总特色,对推动社会主义和谐社会建设发挥了积极作用。中国社会工作正走向历史新阶段,中国未来的社会工作发展前景广阔。

(一) 中国特色的社会工作在创新中发展

1. 社会工作人才队伍建设的创新发展

中国特色的社会工作发展首先体现为社会工作人才队伍建设的创新发展。中央高度重视,为加强社会工作人才队伍建设提供了强大动力;各地认真实践,为加强社会工作人才队伍建设积累了成功经验。社会工作人才队伍建设取得显著成就。

在制度方面,中央及有关部委出台了一系列社会工作人才队伍建设文件,各地也结合自身实际出台了社会工作人才队伍建设的综合性文件与配套政策。目前,自上至下、纵横贯连的社会工作人才队伍建设制度体系框架初步建立。

民政部在推动社工人才试点工作中,注重边试点、边研究、边总结,提炼出带有规律性的社工人才队伍建设做法和经验。各地在实践中不断探索,建立了多种用人机制，形成了优秀人才脱颖而出的用人环境。

随着社会工作资格考试制度、注册制度、社会工作者评价制度等方面新的探索和发展，社会工作人才队伍的专业化、职业化水平大大提高。2008年至2011年，经过4年的社会工作者职业水平国家考试，全国已有54,176人获得社会工作者职业水平证书。其中社会工作师13,421人，助理社会工作师40,755人。

2. 社会工作实务建设在创新中发展

几年来，各地以创新社会管理格局、提高社会服务水平、增进民生福祉为目的，以建立健全社会工作制度为重点，培育社会组织、推行政府购买服务机制为手段，拓展实务领域，不断推进社会工作实务发展。

各级地方党委、政府通过建立相对统一管理、组织协调有力的行政机构，配备骨干力量，推进社会工作。同时，鼓励各地建立社会工作协会，推动行业自我管理、自我服务和监督。几年来，各地涌现了大批社工机构。民间社工组织正如雨后春笋，生根发芽，蓬勃发展，越来越多地担负起社会服务职能。

至2012年，全国民政事业单位和城乡社区已开发设置6万多个专职社会工作岗位；全国培育发展了600多家民办社会工作服务机构，社会工作人才发挥作用的舞台更加宽广，社会工作实务发展深度和广度都有了极大提高。

社会工作实务建设的发展还体现在社工实务领域的不断拓展，主要表现是：

（1）在服务对象上，已经从原来主要服务困难群体和弱势群体逐步拓展到所有有需要的社会大众。

（2）在服务范围上，已经从社会救助、社会福利、优抚安置等行业逐步拓展到教育辅导、司法矫正、人民调解、就业服务、卫生服务、人口服务、信访调处、扶贫开发等业务。

（3）在服务方式上，已经从单个领域、个别机构开展个案工作、小组工作等微观社会工作服务逐步拓展到宏观社会工作服务以及综合运用各种社会工作方法的整合型社会工作服务。

3. 中国社会工作联合会努力推动社工实务建设

几年来，中国社会工作联合会以"专业化、职业化、行业化"为目标，积极发挥行业协会的作用，努力推动社工实务建设。

中国社会工作联合会创办了"中国社工年会"，盘点和宣传全国社工领域的优秀典型；启动了"民族社区社工机构试点"工程，为扶持、引导民族领域社工发展做出了努力。协会举办了"首届全国医务社工论坛",为推动医务社工发展打下了基础;创建了5个"社会工作实务创新基地",积累和深化本土化的社会工作实务发展经验,为全面加快社会工作发展奠定了良好基础。

此外,由中国社会工作联合会牵头组织,联合有关单位共同编辑出版《中国社会工作发展报告》(1988—2008),这是国内第一部社会工作蓝皮书,也是这一时期扎根于社会工作实践土壤的理论探索之果。2013年,由中国社会工作联合会编辑并正式出版的《全国社会工作实务创新优秀案例》,深受业界好评。该书对总结本土化社工实务经验、指导社工实务水平提升具有积极意义和重要价值,为广大一线社工提供了可借鉴、可操作的理论与实务武器。

虽然当前中国的社会工作得到了突飞猛进的发展,但是,我们还应清醒地看到,在我国,社会工作方面的政策制度尚未完善,民办社工服务机构总量不足、服务水平不高,东西部发展不平衡,社工专业人才缺口较大。中国社会工作事业任重而道远。

(二) 迎接中国社会工作发展的黄金期

在全球化进程中,中国提出了全面落实科学发展观、构建社会主义和谐社会的重大战略思想,为中国社会工作的发展指明了方向。维护公平正义,促进社会和谐是时代赋予中国社会工作应有的责任。社会工作要坚持公平正义,就需要对社会问题时刻关注;对公众利益持续维护;特别是对弱势群体尽力帮助,使社会工作在促进社会和谐中发挥真正的作用。可以说,当代中国是开展社会工作实务与理论的最肥沃的土壤。

1. 社会工作人才队伍建设将迎来新的发展时期

2010年6月中共中央、国务院印发了《国家中长期人才发展规划纲要(2010-2020年)》,将社会工作人才列为第六类人才,未来10年,我国社会工作人才的需求量将达到数百万之多,这么大的需求量,给社会工作人才队伍建设提供了绝佳的发展壮大平台,社会工作人才队伍建设将迎来新的"黄金期"。令人鼓舞的是,2011年9月中央18个部委和组织联合印发了《关于加强社会工作专业人才队伍建设的意见》的通知,更为我国社会工作的发展注入了新的动力。近日,中央19个部委和组织又联合发布了《社会工作专业人才队伍建设中长期规划(2011—2020年)》,更从指导思想、基本原则、战略目标、主要任务、体制机制、重大政策、重点工程和保障措施等方面对社会工作专业人才队伍建设问题做出了详尽的部署,并提出到 2015 年,我国一线社会工作专业人才总量增加到 50 万人,其中具有社会工作师职业水平证书或达到同等能力素质的中级社会工作专业人才达到 5 万人,具有高级社会工作师职业水平证书或达到同等能力素质的高级社会工作专业人才达到 1 万人。到 2020 年,我国一线社会工作专业人才总量增到 145 万人,其中中级社会工作专业人才达到 20 万人、高级社会工作专业人才达到 3 万人。

以上一系列中央文件的发布,对于积极发展中国特色社会工作、加快创新社会管理、构建社会主义和谐社会,具有重大意义。

2. 社会建设的新目标将推动社会工作实务的新发展

创新社会管理是党中央适时提出的又一伟大战略部署,具有重要的时代意义。社会工作是社会管理的重要组成部分。创新社会管理理念的提出,无疑为我国社会工作的发展带来了又一个新的大好机遇。

社会工作之所以成为热潮,是因为一系列社会矛盾已经摆在我们面前。如何面对和解决这些矛盾,是关系和谐社会构建的一个重要要素。社会工作者在化解社会不同利益主体的矛盾和冲突、促进不同社会阶层之间的协调与和谐相处、为大幅度提高社会和谐程度而提供服务性的资源方面是大有可为的。

3. 民间组织走上社会建设舞台　中国社会工作协会任重道远

民间组织是社会公共利益主要提供者之一,它与政府、企业共同构成稳定社会的"铁三角"。培育和发展社会组织特别是公益类、服务类社会组织,对加强和改进社会管理,调解矛盾纠纷,更好地提供公共服务,促进社会和谐稳定,都具有重要的现实意义。

展望今后,中国社会工作协会任重而道远。作为团结、联合全国从事社会工作单位和个人的唯一全国性社会工作团体,我们将高举维护公平正义,促进社会和谐的旗帜,在推动中国社会工作"专业化、职业化、行业化"的进程中发挥"领头雁"作用。我们将以社会政策的执行者、社会服务的组织者、社会矛盾的化解者、社会管理创新的推动者、社会资源的整合者、社会诉求的反映者为角色定位,致力于全面推进中国特色的社工实务体系的探索和建立;致力于中国社会工作职业制度走向体系化和规范化的进程;致力于整合资源,开展更广泛的国内、国际合作与交流;致力于构建本土社会工作的理论知识体系;致力于弱势群体的利益表达和利益保护,从而推动"以人为本"的和谐社会的全面进步与发展,推动中国社会工作进入繁盛发展的美好明天。

广东省社工机构现况、挑战及展望

林惜文

广东省民政厅监察专员

【摘要】 民办社工服务机构是我国工业化、城市化、市场化进程中涌现出来的新型专业社会组织形式,在创新社会管理、构建和谐社会进程中扮演着越来越重要的角色。对广东省民办社工服务机构的发展现状及存在问题,各级政府及相关部门应当引起高度重视,认真规划,积极培育发展,加强规范管理,才能创新社会服务管理方式,完善社会服务管理体系,推动民办社工服务机构健康、稳步发展。

【关键词】 民办社工服务机构;挑战;对策

近年来,伴随着国家社会工作人才队伍建设试点的开展,广州、深圳等"珠三角"城市陆续涌现了许多由社会服务机构、高校老师自发或由政府有关部门倡导成立的民办社工服务机构,如社会工作协会等社会团体和社会工作服务中心(社、所、站)等民办非企业单位。它们以社工为主体人员,以提供社会服务、提升生活质量、构建和谐社会关系为目的,积极开展丰富多彩的活动,在完善社会服务体系、加强社会管理、加强精神文明建设、助推经济发展上做出了贡献。但是,广东民办社工服务机构发展尚处于起步阶段,不少问题亟待研究解决,我们有必要对此进行反思及展望。

(一) 广东省民办社工服务机构现状

近年来,我省按照民政部的部署,按照《部省协议》提出的"率先建立现代社会工作制度,将珠江三角洲地区逐步建成社会工作发展和社会工作人才队伍建设示范区"的要求,大力推动社工人才队伍建设,通过宣传发动、降低登记门槛、适当提供资金及场地支持、推行政府购买服务等措施,鼓励兴办民办社工服务机构,民办社工服务机构稳步增长。广东省民政厅 2010 年年底组织的民办社工服务机构情况调查显示,目前,绝大部分民办社工服务机构分布在"珠三角"城市,其数量、发展状况随各地区经济、文化发展水平不同而各异。其中,广州、深圳两市由于经济社会文化较为发达,民办社工服务机构发展也较为迅速,数量较多。据不完全统计,至2011年1月底,全省经民政部门登记的民办社工服务机构有121家,为超过700万人次提供服务。

1. 基本类型

(1) 以法人形式来划分,现有民办社工服务机构有5家是专业性社团或行业组织,分别是广东省社会工作师联合会及广州、深圳、珠海、东莞4市社会工作协会,其余116间是提供专业社工服务的民办社会工作服务机构,即民办非企业单位。

(2) 以地域分布来划分,现有民办社工服务机构发展地域十分不平衡。116间机构集中在珠江三角洲地区,其中广州47家、深圳44家、珠海8家、佛山5家、东莞8家、中山3家、江门1家;欠发达地区只有5家,分别是粤北的清远4家、粤西的茂名1家。

(3) 以成立的主体来划分,现有民办社工服务机构主要有五类:一是政府推动成立的社工机构,如区、街道或政府部门层面推动成立的社工服务中心等;二是长期从事某个领域社会服务的机构转化而来的(上述这两类约占总数的60%);三是高校社会工作专业老师合作成立的社工机构,约占10%;四是社会工作专业人士举办的机构,约占10%;五是企业或其他单位、个人发起成立的机构,约占20%。

(4) 以发展的规模来划分,现有121家民办社工服务机构中,员工人数100人以上的有2家,均在深圳市;50—100人的有11家;30—50人的有10家;绝大部分民办社工服务机构员工人数在30人以下。

(5) 以服务对象来划分,现有民办社工服务机构可分为综合性服务机构和特定对象服务机构,其中综合性服务机构占绝大多数。

2. 人员构成

到2010年底,全省共有2345人就职于民办社工服务机构,其中62%取得了助理社会工作师或社会工作师职业资格。专职工作人员有690人为中共党员。女性工作人员的数量明显多于男性,占总在职人数的63%。120名法定代表人中有60名为中共党员,63人为专职,57人为兼职,94人取得本科或以上学历。机构负责人中有53人为中共党员,50%以上的机构日常负责人取得了助理社工师或社工师资格。

3. 作用发挥情况

自开展社会人才队伍建设试点以来，我省民办社工服务机构发展迅速，在促进我省基层社会管理体制改革和创新，提升公共服务水平和质量，维护社会和谐稳定方面发挥了一定的作用。主要体现在三个方面：

（1）搭建服务平台，推动了专业社会工作发展。民办社工服务机构是吸纳专业社工的重要平台。通过发展民办社工服务机构，为社工就业提供了岗位，为社工发挥作用提供了舞台。我省目前已有2300多名社工就职于民办社工服务机构专门从事社会工作服务，专业社工服务逐步从民政扩展到司法、教育、残联、共青团、妇联等多个部门，在综治、信访、救助、社区服务等领域发挥着越来越明显的作用。2010年，深圳市组织20多家机构的400多名社工参加"富士康员工关爱行动"，广东省民政厅支持广东省社会工作师联合会组织54名社工深入"凡亚比"台风灾区开展"情暖灾区社工服务行动"，社工的服务领域不断拓宽，社工的影响进一步扩大，专业社会工作不断发展。

（2）通过专业服务，提高了人民群众生活素质。民办社会工作服务机构作为社会服务的直接提供者，面向基层，了解群众，能及时为群众提供难有所帮、困有所求、贫有所济的服务。以广州市为例，广州市目前结合基层社会管理体制创新，正全面推进"三中心一队伍"（即街道政务服务中心、综治信访维稳中心、家庭综合服务中心和综合执法队）的建设，大力推动以社工为主体的家庭综合服务中心的成立，通过综合服务中心为社区提供全方位的服务，既满足了社区不同人群的需求，又有效弥补了社区居委会的不足，有利于提高社区居民的生活质量，打造幸福社区。

（3）降低服务成本，完善了社会公共服务体系。民办社会工作服务机构作为社会组织，能有效地克服行政机构官僚化倾向，以更加平等的身份面对服务对象，更容易建立起服务者与被服务者之间的平等信任关系，透过其多样性、精细化、个性化的服务，弥补政府的不足，也为公众提供了更多可选择的机会。民办社会工作服务机构之间的良性竞争，也有利于促进其不断改善服务质量、降低服务成本。与此同时，也有助于实现政府从"划桨"到"掌舵"的角色转换，从而使政府可以更加公正、客观地充当社会服务的监管者，不断完善社会服务体系。

（二）我省民办社工服务机构发展面临的主要挑战

我省民办社工服务机构以较快的速度增长，吸纳了来自全国各地的社会工作专业毕业生，为社会服务整体水平的提升注入了专业的力量。总体来说，我省民办社工服务机构的发展态势较好，但是我省民办社工服务机构发展还处于起步阶段，发展不平衡，自身发展能力弱。其发展中面临的主要挑战包括如下几个方面。

1. 资金来源渠道单一　政策体系不太健全

从我省情况来看，民办社工服务机构主要通过政府购买服务、政府补贴、社会捐赠、自营收入等多种渠道获得资金支持，最主要的是通过承接政府委托的公共服务职能获得资金支持，其中超过50%的民办社工服务机构仅通过政府购买服务单一方式获得资金支持，不足一半的民办社工服务机构有两种或两种以上方式获得资金，其中以政府购买服务及政府补贴两种形式为主，少部分接受基金会或企业支持。95%以上的民办社工服务机构没有自营收入。以社会工作发展比较成熟的深圳市为例，全市有购买项目和社工岗位的35家民办社工服务机构，自身吸纳社会资源所占收入比例微不足道，近一半机构处于亏损状态，维持艰难。同时，政策体系尚不健全，民办社工服务机构的社会地位及发展环境因缺乏法律之间的有效衔接而带来一系列的问题和困难，如税收优惠政策未建立。目前我国的税收征收办法尚未对企业和公益性社会组织进行区别对待，民办社工服务机构接收社会捐赠存在一定的制约。政府购买社会服务尚处于试点阶段，科学合理的政府购买社会服务制度还未建立等。

2. 人才流失普遍存在　社工职业未获认可

我省广州、深圳、东莞等地虽然都明确规定了社工薪酬指导价，然而薪酬待遇比起同等条件的公务员或者事业单位人员要低，加之目前社工的职级晋升体系未明确，社工职业晋升路径不明晰，机构运营资金紧张，年轻的社工在繁重的工作压力和沉重的生活压力下容易丧失从事社会工作的热情和期望，选择考取公务员、当大学生村官、进事业单位、返回高校深造等，从而导致社工人才的流失。同时，专业社会工作虽然近年来通过试点得到了一定程度的推进，但是由于其实践范围还不广，无论是领导干部还是一般群众都对专业社会工作缺乏直观的了解和认识，对社工这一职业缺乏认同，造成社工机构在开展活动和争取社会资源时得不到有效支持，社工的职业认同感、归属感不强。

3. 社工机构自身建设乏力　政府监管尚不到位

我省大部分民办社工服务机构都是近三年内成立的，作为社会组织法人还缺乏专业的管理经验，还没有形成完善的治理结构，普遍存在机构规模不大、管理不够专业、督导不够得力和争取资源能力较弱、开拓项目能力不强的现象，自我发展能力相对较差。一些机构发展定位不清、缺乏自身明显的服务特色，少数机构甚至出现"趋利化"倾向，机构中管理者专业素质、社工实务能力还存在一定的不足，社会服务项目运作经验也有待进一步提升。同时，政府对民办社工服务机构的监管也难以到位，针对社工机构的评估指标体系还有待在实践中进一步修改和完善，民办社工服务机构的行业自律还有待进一步加强。

（三）民办社工服务机构发展展望

从全省民办社工服务机构发展的整体情况来看，民办社工服务机构尚处于蹒跚起步阶段，与日益增长的社会服务需求还不相适应，展望未来，我省民办社工服务机构还有巨大的发展空间。

1. 着力政策配套　优化民办社工服务机构的政策环境

一是推进政府职能转变，为民办社工服务机构发展让渡空间。要按照政社分离、政事分离的原则，加快政府职能转变，逐步将政府直接"养机构、养人、办事"转变为向符合条件的社会公益性组织购买服务，将大量政府及事业单位提供不足或成本较高的公共服务委托给民办社工服务机构承担，充分发挥其在承接政府转移出来的社会服务与管理职能方面的重要作用，让民办社工服务机构有事可做，有钱做事，有责任做好事。构建政府与民办社工机构良好的合作伙伴关系，大胆放权，以充分发挥民办社工服务机构的积极性、主动性、创造性。二是推动社会服务发展。要将以改善民生福利为目标导向的社会政策建设置于更首要和突出的位置，确立和发挥民办社工服务机构在社会服务发展中的主体性作用，加大资金、人力和场地设施的投入，在税收减免政策上要对民办社工服务机构倾斜。在有条件的地区建立民办社工服务机构的"孵化器"，通过提供必要的场所、资金、办公设施等资源支持，培育一批民办社工服务机构。三是要加大政府购买民办社工机构服务力度，积极开发社会工岗位，让民办社工机构担当起福利服务提供者角色，以政府购买服务的方式推动民办社工机构的发展。要进一步深入调查研究，合理界定政府购买社会服务的范围和内容，严格制定政府购买服务的标准、程序等具体实施办法，完善政府购买服务的政策机制，做到政府购买社工服务常态化、制度化、长期化，为民办社工机构健康发展提供稳定的资金来源。四是要加大福利彩票公益金支持开展社会工作服务项目的力度，为民办社工服务机构筹措社会资源搭建平台，吸纳热心公益的企业及社会团体资源，在有条件的地方探索设立社会工作专项基金，进一步拓宽社会融资渠道，鼓励引导社会资金投入社会工作领域。

2．着力建章立制　加强民办社工服务机构的能力建设

要充分利用毗邻港澳的优势，推广深圳社工机构引进香港机构顾问等成功做法，开展多种形式多种方式的粤港澳之间社会工作服务机构的紧密合作，如学术交流、实务探讨、人才培养等。从而引入港澳社工机构先进的社会工作理念、方法和管理、运营经验等，切实提升我省社工服务机构的各方面能力。一是提升民办社工机构内部治理能力。要加强民办社工机构的制度建设，完善理事会、监事会等各项治理结构，建立健全以章程为核心的各项规章制度，健全民主选举、民主决策、民主管理、民主监督以及独立自主、规范有序的运作机制。积极扩大民办社工机构的党组织覆盖面，发挥基层党组织的政治领导作用。提高社会工作专业人才的待遇，各地要尽快建立社会工作专业人才薪酬指导标准，引导社工机构在机构内部参照当地专业技术人员的工资水平确定社工最低工资标准，建立社工的职级制度，为社工发展提供晋升空间。对于确有资金困难的民办社会服务机构，政府应为在其中就业的社工提供工资补差。二是提升机构专业服务能力。举办全省民办社工服务机构负责人培训班，提高民办社工服务机构管理人员素质，加强一线社工实务督导和业界交流合作，建立社工继续教育制度，不断提高一线社工的实务能力。鼓励开展公益创投、项目策划等成功做法，为社会服务机构提供更多更好的服务项目和服务机会。继续探索民办社工服务机构行业管理及服务评估办法，促进其规范管理、专业发展，不断提升民办社工机构的专业服务能力，从而打造出一批素质高、有特色，管理规范、作用明显、具有示范意义的优秀民办社工机构。三是提高机构资源整合能力。要引导机构通过深入调查研究，主动回应社会需求，开发适销对路的服务产品，争取政府、市场以及社会的支持，同时针对有能力的特殊需要的人群适当开展有偿（低偿）社会服务，完善服务创收机制，建立多元、稳定的资源保障，不断增强机构的自身造血机能。四是提升机构的后续发展能力。鼓

励民办社工机构从粗放式经营到精细化运作的转变，鼓励其发挥自身优势，培育特色项目，形成核心竞争力，倡导民办社工机构之间的差异性竞争。同时要对民办社工服务机构进行合理引导，支持"珠三角"地区已发展起来的实力强、素质高、品牌好的民办社工机构到我省欠发达地区开设民办社工机构，鼓励其连锁化、规模化、实体化经营，扶持其做大做强，积极探索专业社工机构提供培训，带动社区群团组织、志愿组织提供社会服务的路径，推动全省社会工作及人才队伍的全面均衡发展。

（三）着力宣传培训　营造民办社工机构发展的良好氛围

一是要加大宣传力度。要深化与媒体的合作，丰富宣传内容，采用召开新闻发布会、座谈会、举办培训班、评选优秀民办社工机构及优秀社工等形式以及组织社工开展公益、文体活动等方式，提升宣传效果，特别是要及时报道一线社工工作动态及工作实绩，不断增强社会工作者的职业认同感与成就感，切实营造关心、理解、支持社工工作的良好氛围。二是扩大社会工作教育培训。要争取在各级党校、行政学院和干部学院开设社会工作课程，在各级党政干部、公务员教育培训中引入社会工作专题，将社会工作课程列为公务员教育培训的必读内容。直接从事社会管理和公共服务工作的相关职能部门，要对不同层级的相关领导进行社会工作专业的系统培训。有条件的地区要组织当地党政主要领导到国外、港澳台及国内社会工作发展较好较快的地区进行实地考察学习，让他们更好地认识、理解和支持社会工作。三是加强机构服务宣传。各机构在做好服务的同时，要加强对服务成效、服务品牌的宣传，提升机构的服务形象，进一步扩大民办社工服务机构的社会认知度和影响力，不断提高公众对社会工作的接受度和对民间机构的信任度，为民办社会服务机构开展社会工作创造良好的社会氛围。同时通过宣传发动，动员公众参与，建立社工引领义工机制，缓解民办社会服务机构普遍存在的人力资源不足问题。

深圳社工机构发展及聘用香港顾问之源起

李光明

深圳市社会工作者协会前秘书长

（一）深圳社工机构的发展概况

深圳社会工作发展从 1992 年以来，经历了大社会工作发展阶段（1992—2007）和专业社会工作发展阶段（2007—至今）。2007 年 10 月，市委市政府出台了社会工作"1+7"文件，确立了以"政府主导推动，民间自主运作"为主要特征的专业社会工作发展思路。随后，市相关部门会同各区，开始着手推进社工试点，主要内容包括建立工作体系、开展宣传培训、制定试点方案、开发购买社工岗位、健全相关制度、组织监督评估等。

截至 2012 年 3 月，全市社工机构发展到 58 家，一线社工从业人员达 1900 多人，社工项目 160 多个。经过 4 年多的发展，深圳社会工作服务主要分布在民政、残联、司法、教育、社区、医院、禁毒帮教、信访、计划生育、人民调解等领域。2012 年，政府进一步加大工作力度，继续扩大社工服务领域，以政府部分购买等支持方式，在企业及民办学校和公益慈善类社会组织等方向，鼓励发展社会工作服务。2012 年政府计划新增此类岗位 100 多个；同时探索军队、环保、少数民族和宗教等社会服务新领域；制定编制内社会工作岗位设置办法，开发编制内社会工作岗位。在社区服务中心方面，2012 年全市计划新增 100 家社区服务中心，吸纳专业社工 400 名左右，印发实施《社区服务中心运营标准》，委托第三方专业机构开展全程监理与评估，不断积累社区服务中心的运行经验。

1. 深圳社工服务机构的主要特点

（1）机构专业化程度，从业人员的专业化与职业化水平稳步提升。在深圳社会工作发展初期，社会对社工服务的认知度与参与度整体较低。因此，为了保证服务质量与成效，深圳市要求社工机构的从业者必须要通过国家社会工作资格考试或受过正规大学专业教育。

（2）各机构运作管理较为规范，服务水准逐步提高。虽然各社工服务机构成立时间都不长，基础薄弱且缺乏经验，但是经过4年的发展，深圳各机构在总体上运作管理趋于规范，服务水准逐步提高。表现在：机构组织架构逐步健全；建立健全了各种规章制度；财务运作管理较为规范；各机构提供给社工的待遇基本符合政府文件的要求等。

（3）各机构、社工工作态度和敬业精神良好。虽然深圳各社工机构在发展初期存在着许多困难，一线社工的待遇和经验也有提升空间，但深圳社工普遍有着良好的工作态度和敬业精神，得到了用人单位、服务对象和香港社工督导的一致好评。

2. 深圳培育发展和监管评估社工服务机构的具体措施

一是政府以竞争性方式购买社工服务。深圳市的1200多个社工岗位，以及自2011年开始运行的社区服务中心项目，全部采用公开招投标的方式进行政府购买。竞争机制的引入，有利于促进各社工服务机构提高内部管理与服务质量，对社会工作的发展具有十分重要和积极的意义。二是加强制度建设，积极建立与完善配套政策制度。社工业务主管部门和行业管理部门制定并印发了《社工机构行为规范指引》、《社工机构综合评估办法》、《深圳市社会工作者登记和注册管理办法》、《深圳市督导人员工作职责规定》、《深圳市社会工作者督导助理选拔指引》等规范性文件，逐步建立与完善了社工机构评估监管体系和配套的政策制度。三是充分发挥行业协会管理和服务功能，促进行业自律。作为行业组织，深圳市社会工作者协会承担了积极解决行业内部困难与问题、协调会员内外部关系等职责，充分发挥了行业监督和推进行业发展的作用；四是制定相关评估体系，委托第三方评估机构定期对社工机构进行年度评估，并向社会公布评估结果，做到行业公开透明。五是定期对社工机构进行财务审计。深圳市社工业务主管部门外聘会计师事务所对机构财务状况进行审计，综合分析各社工机构财务报表。深圳市各民间社工机构的财务管理总体上较为严格和规范，基本做到了对政府购买社工服务款项的有效合理运用。

3. 未来深圳社工机构的发展

（1）推进社会服务工作机构实体化。政府购买社会服务工作逐步转为以项目购买为主，鼓励社会服务工作机构依托独立的服务场地设施，组建以专业社会工作者为骨干的复合型服务团队，综合运用多种服务手段，自主开展专业服务。鼓励社会工作服务机构介入其他相关社会服务领域，鼓励社会服务工作机构聚集资源，发展自身特色专业服务。

（2）推动社会服务工作机构公信力建设。加强规范、指导和监管，优化社会服务机构理事会、监事会等内部治理结构，建立健全机构相关行政管理制度。制定财务和事务公开办法，规范和指引社会服务机构进行财务和事务公开。强化行业自律，在深圳市社会工作协会成立纪律工作委员会，处理会员失当行为。在行业倡导社会工作专业使命感、责任感和荣誉感建设，督促从业人员遵守社会工作专业价值观与伦理守则。鼓励社工机构进行信息公开，加强对社会服务工作的社会监督和舆论监督。

（3）强化绩效评价和优胜劣汰制度及措施。制定统一的绩效评价指标体系和办法，委托第三方专业评估机构对全市社会服务机构的管理和社会工作者的服务绩效进行统一评定，建立服务监督机制，强化经常性、过程性监管，将服务绩效作为社会服务机构评估的主要内容，并将评估结果作为参与政府购买服务的主要依据。建立社会服务工作机构和社会工作者行为"红线"制度，防止违规行为的出现。

（二）聘请香港督导和机构顾问的思考

1．缘起

深圳社工机构在发展初期，许多都在机构战略规划、人力资源管理、财务管理等日常管理运营方面上存在明显问题，特别在社工项目策划、社工项目服务质量提升、社工项目团队管理、社区服务中心运营和管理等方面更是经验不足。因此，社工机构能力建设及社工项目运营管理问题被提上了日程。

为提高各社工机构的管理、服务及发展能力与项目策划和运营水平，2010年下半年起，深圳市民政局及深圳市社会工作者协会启动了社会服务机构聘请顾问项目，为得到政府资金资助的项目和运营社区服务中心的29家社工机构拨付顾问工作补贴，协助社工机构聘请顾问，探索政府扶持社会组织发展的新模式。

2．聘请顾问概况

（1）2010年，为了促进政府资助项目有效运营以及项目社工能力培养与机构能力建设，有17家深圳社工机构与香港仁爱堂、香港基督教服务处、香港路德会社会服务处、香港国际社会服务社、香港基督少年军、香港山旅学会、香港社会企业总会 7 家香港机构签订顾问合作协议。

(2) 2011 年 6 月以来，随着我市社工机构参与社区服务中心的发展，目前已有 11 家社工机构与香港路德会社会服务处、香港基督教服务处、香港基督少年军、香港家庭福利会、香港国际社会服务社、香港阳光协会、香港仁爱堂等 7 家香港机构签订了社区服务中心顾问合作协议，聘请香港顾问指导我市社工机构在社区服务中心的运营，承担培养一线社工、建设机构能力、培养本土督导人员等方面的工作。

经过 4 年多的合作，在社会服务发展研究中心等香港机构的统筹协调下，共有 20 余家香港社会服务机构陆续委派 120 名香港督导赴深服务，通过"传、帮、带"协助社工提升专业水准与职业素养，培养深圳本土社工督导人才。截至 2011 年 11 月，香港督导共为深圳社工提供了 2.6 万余次个人督导、9000 多次小组督导、近千次专业培训；组织社工赴港参观学习 1000 多小时；开展各类社工交流活动百余次，直接培养指导深圳的初级督导、见习督导、督导助理等各层级本土督导人才 220 余人。香港社会服务机构及香港督导们的辛勤付出，为深港社会工作合作项目的顺利推进，为深圳市社会工作的专业化发展，为深圳市本土督导人才的培养，为深圳市社会工作人才队伍的建立都做出了杰出的贡献。

2011 年 10 月，为了向香港社会服务机构及香港社工督导表示感谢，深圳市社会工作者协会举办"深港社会工作合作项目优秀香港服务机构及香港社工督导表彰活动"，对 16 家香港社会服务机构及 120 位香港督导进行了激励表彰，来自国家民政部、中国民间商会、中国社会工作协会、中央人民政府驻香港特别行政区联络办公室、广东省民政厅、中国人民政治协商会议深圳市委员会、深圳市民政局等部门的领导及香港社会服务机构的代表与督导们和来自中国内地 17 个省市的专家学者、企业界代表、社会组织代表、基金会代表等共近 400 人参加了表彰活动。

在表彰大会上，香港社会服务发展研究中心的督导除获得各项督导单向奖外，还荣获"特别贡献奖"荣誉；同时，"社研"主席邱浩波先生及副主席陈圣光先生分别被聘任为"深圳市社会工作总督导""深圳市社区服务中心总顾问"等荣誉职务，以对日后深圳社会工作的发展进行全方位的指导。

3. 顾问的主要作用

(1) 协助制定机构战略规划。包括确定组织的宗旨和目标，制订切实可行的规划，积极而有步骤地推动其实施并及时加以调整的方法等。在机构项目运作中，顾问对社工机构从机构战略规划方面进行了完善，明确了机构的发展方向。

（2）提供机构管理发展建议。在为机构提供长远发展层面的建议上，机构顾问为大部分机构在明确部门分工及职责、行政架构及人员调整、改善机构宣传策略、协助建立考核制度、协助建立运作手册等方面提供了具体指导，提升了机构的管理水平。

（3）对社工项目的督导。机构顾问项目提出的初衷之一为旨在解决一直没有给社工项目配备香港督导的问题。因此，《机构顾问管理办法》中明确规定了机构顾问应担当社工项目督导的职责，为社工项目的策划发展提供指导，同时在社工项目团队中培养人才，为项目社工提供了业务指导和情绪支持。

（4）对机构招投标工作的指导。社工机构在完善自身管理的同时，也在尽力谋发展，以争取到更多的政府资助的社工岗位，积极参与社区服务中心项目。部分社工机构利用机构顾问的资源，积极争取机构顾问在投标过程中提供具体的指导意见，使得机构更加明确了社工岗位领域选择、投标书的制作及修改等的努力方向。

（5）赴港学习交流活动。在机构顾问合作协议签订时，约定了机构顾问方为社工机构提供一定次数的赴港交流活动。目前，许多机构都已经开展了赴港交流学习活动，为机构管理人员和社工提供了近距离学习香港社会组织先进经验的机会。

虽然目前机构在聘请顾问项目上还存在一些问题，例如机构改进自身的积极性不够，机构与顾问方需要再加强沟通，顾问执行人对内地政策和工作习惯认知度不够等情况，但已开展顾问合作的绝大部分社工机构的机构顾问项目运作良好，取得了良好的收效。从聘请香港督导到聘请机构和项目顾问，一直以来香港机构和督导的支持和帮助，不仅使深圳社工机构的自身能力得到了很大的提升，而且为深圳市的社会工作发展指明了职业化与专业化的前进方向。

香港社福机构管治及管理——政府的角色

聂德权

香港特别行政区政府社会福利署署长
(现任香港特别行政区政府新闻处处长)

香港的社会福利服务主要由政府和福利机构共同提供。政府除了向市民直接提供法定及核心的福利服务外,主要负责制定服务政策、拟订发展路向、向立法会申请拨款及监察非政府机构的服务表现,至于大部分的福利服务,均由非政府机构按照政府既定的服务策略提供。要提供优质的福利服务,社会福利机构必须具备良好的企业管治及管理制度。企业管治是指机构的策略导向、监控和问责等程序,亦包括机构如何执行权力、问责、管理、领导、指示及监控等各项工作。一方面,良好的企业管治,适用于所有受公帑资助的活动,可促使相关人士信赖该机构能廉正、透明和负责任地把工作做好。对所有机构而言,管理层和主管人员皆有责任推行良好管治,而机构的董事会亦应就机构的服务表现承担责任。另一方面,政府须为妥善运用公帑负责并作出交待,有责任监察受公帑资助机构的活动和表现,确保公帑运用合乎公众利益。要了解香港特区政府在社会福利机构管治及管理方面所担当的角色,让我们先从社会福利的发展开始。

(一) 社会福利的发展

香港早期的社会福利服务主要是赈灾扶贫,华民政务司署于1947年成立社会局。随着战后人口剧增,贫困、失业、儿童被遗弃等问题日渐浮现,促使政府成立一个独立部门,专责社会福利工作,社会福利署("社署")遂于1958年成立。20世纪70年代,社会工作开始迈向专业化。20世纪80年代,社会福利服务推展不少专责服务,例如寄养服务、保护及监护儿童服务、私营安老院注册等。到了20世纪90年代,社会工作日渐讲求效益,注重资源的运用及服务成效的评估。

踏入21世纪,香港特区政府的福利开支亦稳步上扬。"社署"的开支总额从 2002—2003 年度的 313 亿元，增长至 2011—2012 年度的 413 亿元，增幅超过 30%。现时社会福利服务的开支占政府总开支的 17.4%，是继教育之后第二大开支的项目。而在 2011—2012 年度 413 亿元的社会福利署开支预算当中，除了约七成用作社会保障外，其余 127 亿元中，接近八成即 101 亿元，是政府提供给非政府机构的经常资助金及雇用服务。可以说，非政府机构手握了香港福利服务的大量资金及资源。

为了确保妥善运用有关公帑，确保社会福利可持续发展，政府有责任监察这些受资助或雇用服务的机构的表现，确保机构符合相关服务的协议及法例规定，并协助非政府机构发展及加强管治能力。同时，公众包括服务使用者，对于这些非政府机构及其服务单位，也有很大的期望，可以说，接受政府资助的非政府机构，不单要向政府负责，亦须向公众交待以及获得公众的信任。

（二）津助制度改革

为了与时俱进，配合不断转变的社会需要，香港特区政府在 2000—2001 年度推行社会福利津助制度改革，改善以往偏重资源投入管制的津助制度，以"整笔拨款"的形式，配合服务表现监察制度，提高效率和成效、改善质素、鼓励创新、加强问责和提供弹性。在"整笔拨款"制度下，除了部分指定的支出项目外，机构在需要达致服务目标、成果、成效和标准规定的前题下，可以自行决定如何调配及运用政府的资助金额。这一制度提高了非政府机构对资源管理的自主权，同时也令市民大众以至员工及服务使用者重视对机构的要求、监察和问责。现时，接受政府津助的 171 家社福机构中，已有 164 家以"整笔拨款"方式运作，它们所占的津助为政府对社福机构津助总额的 99%。在 2008 年初，政府成立了"整笔拨款"独立检讨委员会，为"整笔拨款"资助制度进行全面检讨，委员会并委任顾问进行研究，探讨海外国家福利服务的拨款模式，同年 12 月发表的《整笔拨款津助制度检讨报告》指出，推行"整笔拨款"资助制度所依据的原则是正确的，值得保留；同时，报告亦提出了多项令制度更臻完善的建议，并相继于 2010 年初落实或开展。

除了推行"整笔拨款"的津助模式，为确保公众能够获得优质社会福利服务，并在提供服务过程中加强问责性，"社署"与非政府机构合力建立了"服务表现监察制度"，在 2003 年 4 月全面实施，适用于机构的受资助服务单位和由"社署"提供的直接服务。因应不同的福利服务，"社署"与非政府机构签订了相关的《津贴及服务协议》，界定了服务的目标、范围、优先次序和所要求的表现标准（即服务质素、表现成效和基本服务规定）。协议也列出"社署"作为资助者和非政府机构作为服务营办者各自的角色、要求和责任。同时，政府推行服务表现评估以进行监察，运用一套有系统的程序，客观地评估服务表现和建议改善服务的方向，确保非政府机构的服务达致既定标准。

（三）给予非政府机构的支持

为了协助社福机构提高管治能力及确保服务质素，"社署"在 2002 年制订了《领导你的非政府机构机构管治——非政府机构董事会参考指引》，供社福机构参考。而香港特区政府效率促进组亦于 2010 年制订了《受资助机构企业管治指引》，为受资助机构的管治组织成员及高级行政人员提供指引。此外，政府亦根据《整笔拨款津助制度检讨报告》的建议，为社福机构提供了下列各项支持措施：

（1）社会福利发展基金。为了协助社会福利工作人员提供持续培训、掌握新知识和技能，以面对社会急速转变所带来的种种挑战，政府拨出 10 亿元在 2010 年 1 月建立社会福利发展基金（"基金"），以支持非政府机构推行培训及专业发展计划、提升能力措施以及改善服务的研究。"基金"在 2011 年 11 月完成了三轮机构申请的审批工作，共有 150 家受津助的机构获得批款，总批款额为 2.6 亿元，分别用于培训、提升业务系统及研究服务三个范畴下的计划。

（2）《最佳执行指引》。"社署"于 2010 年底委任了一所大学进行顾问研究，按福利界各项管理事宜，包括人力资源政策、储备水平及如何善用储备、机构管治及问责等范畴，为非政府机构制订《最佳执行指引》。该指引预期于 2012 年下半年推出。

（3）支持服务台。"社署"于 2009 年 10 月成立支持服务台，为小型非政府机构[①]提供管理意见以及促进机构之间的合作。支持服务台是以有期限的形式，协助小型非政府机构提升机构管治的能力，并协助他们在"整笔拨款"资助制度下持续发展。

（4）"整笔拨款"独立处理投诉委员会。于 2009 年 4 月成立，委员会的成员均是独立人士，以严谨及公平公正的态度处理与"整笔拨款"有关而跟

---

① 小型非政府机构是指每年的"整笔拨款"少于 500 万元及每年开支少于 1,000 万元的非政府机构。

进机构未能妥善解决的投诉,并向机构作出改善建议,协助它们为市民提供更优质的服务,以确保机构服务的质素,而政府对非政府福利机构的拨款亦能有效地运用。

此外,政府亦提供其他支持给非政府机构,以协助机构的运作管理,包括透过不同途径协助非政府机构寻找合适的场地提供福利服务,以协助他们减低日常运营的开支,集中资源为市民提供优质的服务;透过租金差饷地租津贴计划,支持非政府机构以本身的资源营办非政府资助的福利服务,与政府拨款资助的计划活动互补不足,以照顾市民的需要;为非政府机构的管理层安排讲座、工作坊、出版相关手册及指引等,分享优良服务管理措施,以加强机构管治的能力及协助机构改善业务;透过"奖券基金",资助非政府机构应付因提供福利服务而需要的非经常开支;签发公开筹款许可证,设立"卖旗日",让机构透过筹款及卖旗收益作为经费等。

(四) 总结

总括来说,机构管治并无单一的模式,每个非政府机构都应按其独特之处,由其领导层制定机构的策略,并确保机构具备适当的制度,以达致在资助制度下对政府及公众负责的要求、遵守有关的法例以及公平地处理所有相关人士包括服务对象、员工和社区的利益。至于政府的角色,既是监督者,亦是合作伙伴,彼此互相配合。我们在继续向非政府机构提供资助及支持的同时,亦会致力推动其他界别,包括商界和专业界别,从不同的层面参与社会福利工作,以促进福利界、商界及政府等多方合作模式,为香港构建一个和谐及美好的家园。

共识于社会服务　携手在培育人才

李敏兰

广东省社会工作师联合会会长

2009年9月，夏日的骄阳为穗港深三地社工交流活动，提升了温度且散发出耀眼的光芒。交流团团长——香港社会服务发展研究中心（以下简称"社研"）陈圣光副主席，在广州大学的演讲厅的大道上，握紧拳头伸开手臂，带动90多名社工做了一个胜利的姿势。这一刻定格了资深香港社工督导，愿意为内地专业社会工作发展贡献力量的动人情景。

广州市社会工作协会就从这次交流开始，与"社研"达成了合力培育社工督导人才的友好合作协议。广州市专业社会工作的发展，得益于广州市委市政府社会管理及社会服务方式创新"先行先试"的决心和智慧。政府投入资源训练专业社工人才，广州市社会工作协会努力为行业效力，以提高其服务职能；香港"社研"用心传授社工经验与社工价值追求，使生命影响生命的不老传说，在广州专业社会工作发展中又一次精彩演绎。在穗港两地的合作过程中，香港"社研"的专业操守和社工督导的能力，给广州社工留下了深刻印象。

"社研"的合约精神令人欣佩。记得与"社研"代表陈副主席商谈合作之初，我方关注的是香港督导带学员的方式及来往两地时间的安排以及费用。我们深知，香港与广州虽然仅为两小时动车的距离，但是要在半年时间里，坚持风雨无阻地践行每月来广州工作4天（连在途时间需要5至6天），不容易组织，且香港是一个经济发达的地方，其物价水平远在广州之上，我方的经费负担能力有限，能谈得下来吗？实际上，以推动社会发展为己任的"社研"，在商谈中最为关注的，是我方对此项督导人才培训的目标、学员的专业基础以及实训基地的选择和在职学员训练时间的保证等问题。基于双方务实的精神和对关键问题真诚的探讨，我们谈好了所有的细节，愉快地签署了合作协议。从2010年6月开始，两年来"社研"派出10多位督导，依照合约各项条款，为广州两期督导人才培训班的70多名学员，提供督导训练的服务。我们非常欣慰地看到，"社研"的督导们，给我们的学员很多附加值，除四天面对面的督导外，更多的时间是在网上的信息、文书往来，这增加了督导们不少工作量。一些特别爱好钻研的学员，向督导提出很多问题请教，督导倒是很欣赏并给予积极的回应与帮助。更为重要的是，"社研"负责该项工作的卢主任，每月依约组织双方的沟通会，项目结束之时，还专为项目的过程做出详尽的成效与存在问题的专题分析报告。为督导培训班积累了很多实用的经验。香港"社研"及督导们尊重合约的精神，让我方受益匪浅。

督导的专业能力与操守令人佩服。一是学员督导计划的科学性。督导们在对每个学员的个人情况和所在单位情况作出评估后，设定对该学员的个别化督导计划。半年下来，学员们成长很多。这包括专业工作的各项记录表格的设计与执行规范了，三大专业方法的使用纯熟了，支持和督导社会工作的组织技巧丰富了，朋辈间相互支持、社会资源的充分挖掘和链接的意识增强了。更重要的是，"社研"督导的社工职业操守在潜移默化地影响和教育着学员们。记得一位被社工们尊称为"修哥"的督导，专门来到"社研"，反映学员安排实习时间遇到的困难。他请求"社研"协助说服该学员单位保证安排实习时间，动员学员无论多忙一定要坚持实习，并表示他将严格记录实训时间，保证这位学员的学习成效。"修哥"的职业操守，令我肃然起敬。本来这位学员的偷巧，是督导们能休闲一些的最好理由，然而，督导们对此坚定地说"不"。正是有了这班较真的"督爷"（广州社工对香港督导的尊称），广州督导人才培训班两年来毕业了 79 名学员（其中 24 名为优秀学员），已走上了机构内部专业督导的岗位。

衷心祝福两地友谊长存。广州市社会工作协会与香港"社研"的携手合作，响应着广东省人民政府与香港特别行政区政府于 2010 年签订的《粤港合作框架协议》，是深化粤港服务业方面合作的具体内容；传承着 20 世纪 80 年代以来粤港两地在社会服务工作领域的合作与交流。内地尤其是广东省专业社会工作的迅速发展，需要更多的如"社研"般的专业团体的如"督爷们"的资深社工，研究国情、掌握内地福利政策和内地文化，帮助广东专业社会工作力量，介入社会服务各个领域，提升为各类人群服务的水平，用社工专业的智慧和力量，为和谐社会建设作出贡献。

二、香港及内地社会福利服务发展的特征与异同篇

上图为2010年第一期督导人才培训班双方代表签约
（右一为陈圣光副主席，另为李敏兰副会长、秘书长）

上图为第一期督导人才培训班实习启动仪式，学员与"社研"督导合影

（作者简介：李敏兰，广州市社会工作协会发起人之一、广州市社会工作协会副会长、秘书长、社会工作师，现任广东省社会工作师联合会会长）

三、香港机构服务运作及发展特色案例分享篇

群策群力谨守社工服务精神

陈月华

香港家庭福利会机构顾问队总统筹人

我会——香港家庭福利会于20世纪80年代便着手开展内地与香港的交流工作,举办两地交流及培训活动,应邀参与研讨会发表讲话和协办、开展服务等工作。2008年初更派遣了4名资深社工往深圳投入督导工作,至今已协助多家深圳社会服务机构进行社工训练,得到了当地人员良好的口碑和肯定,也与合作伙伴建立了密切友好的工作关系。2010年底,我会更应邀与3家深圳的社会服务机构签订机构顾问服务合约,为其提供顾问服务。

在服务过程中,我会积极支持"社研"发动的"机构顾问交流平台",联同其他参与成员,先后与深圳社会工作协会秘书长和评估中心负责人进行交流,并协助设计和筹备了"联合培训"。过去一年中,我会协助"交流平台"合共举办了3次联合培训,以帮助社工机构的管理人员各自进行内部改革,提高自身在行业内的认受性。

我会于2011年为3家社工机构提供的顾问服务,主要建基于过去两三年间与他们的工作关系以及对机构独特性和处境已有一定的实际了解,因而当再度深入沟通时,就可以设置共性需求部分和个别性需求,并由我会顾问团队于深港两个地域分别提供指导。与此同时,我们还特别关注专责督导产生后社工机构管理层、理事会两个次系统如何配合和善用专责督导以达致机构更稳健发展的问题。

(一) 有关深圳机构共性需求部分

在深圳的服务工作天,社会服务机构受惠于主要执行人的项目督导服务、机构顾问指导及专家培训课的针对性的探索、学习和反思。在一般情况下,顾问服务的一个工作天,约有半天是督导项目负责人员,半天是与管理或行政人员会谈。此安排的特点是有利于机构紧贴顾问、顾问紧贴机构的处境和步伐。同时,确保项目操作每月均有督导的机会,以便敦促进度。机构主要执行人与中、高层召开策略会议或改革会议的内容也尽量宽大广泛，包括机构服务发展方向、中长期战略规划、人力资源、行政改革、管理架构与制度、项目协调、各级人员培训方案与考察方案、项目评估、优化绩效考核细项、完善"启导手册"内容与"入职启导"课程等。

机构顾问指导包括讨论并修订机构的使命、理念、宗旨和愿景，重整机构人员架构，重组理事会，疏理正、副总干事之工作职能分工；项目督导服务包括服务的质和量（如项目操作基本概念）、项目管理制度（如存档规范）以及筹备项目评估（如项目专业报告撰写概念）。

（二）有关深圳机构个别性需求部分

至于到香港学习的服务日子，机构顾问队总统筹人，会因应主要执行人所需，设定有关学习课题，分别启动机构顾问团队其他人员（含本人、行政总监、服务总监和我会庞大的专责领域主管阶级等），提供适切的支持、专题讲座、服务讲解或主持互动讨论环节等。主题讲课包括香港社工机构财务管理原则、危机干预技巧等。

服务讲解包括综合家庭服务理念与运作特色、儿童课后照顾服务与管理、企业服务理念与服务案例及妇女项目设计、运作、阶段性发展策略等。

为求达致机构稳健的发展，我们也十分关注专责督导、社工机构管理层、理事会3个社工单位次系统之间的彼此搭配，本人联同行政总监和机构顾问队数名核心人员，于年初便举行了一次以家福会为示范案例的学习活动，让深圳社工机构的骨干人员集体学习、讨论，再分组反思其"机构为本"的短期、中长期服务战略和成长、改革目标，效果良好。

回顾过去一年的工作，我会顾问服务队订立的四大目标已见成效，这为机构的项目运作、为社会服务的行政管理、为人才培养以及为机构在深圳订立行业规范提升了竞争力。盼望在未来的日子里，两地齐心，继续为建设优质的社会服务工作而努力，以达致美满的成果。

三、香港机构服务运作及发展特色案例分享篇

为东莞一线社工提供培训课程（2010年）

为东莞社工机构提供在港交流培训课程（2011年）

为广东省妇女联合会提供系统性培训课程（2010年）

为深圳社工机构提供机构顾问服务（2011年）

获深圳社会工作协会颁发"优秀香港服务机构奖"及"香港社工督导奖"

跨境学童服务

张玉清
香港国际社会服务社跨境及国际个案工作服务总监

香港国际社会服务社（下称"国际社"）一直致力为跨境及跨地域移居人士提供服务，自1992年便开始推行跨境家庭服务，亦驻有香港及本地社工在深圳及广州提供各类家庭服务，目标是巩固家庭关系，改善家庭功能，解决家庭困难，让跨境家庭在内地及香港也能安居乐业。

跨境家庭当中，最能体味"一国两制"生活的莫过于跨境学童。跨境学童每天早上约6时起床，从深圳各口岸过关到香港上课，至下午约6时才回深圳的家。由于跨境学童居于深圳，没有内地户籍，不能享受内地的福利，也不能享受香港的福利设施，"两头不到岸"。

跨境学童的数字自2004年的3,804人，上升至2011年的12,895人，估计2012年将升至17,000人。入读幼儿园的跨境学童升幅更达51%，跨境学童的年龄愈来愈小，长途跋涉过关等挑战令年幼学童的安全问题备受关注。

跨境学童甫来港上学最先遇到的挑战是学习适应。跨境学童如未有在香港就读幼儿园，其语言、英文程度、自理能力及跟从指示等方面均比本地学生为弱。

跨境学童的家长对香港学校的要求、文化、习惯等也不熟悉。部分家长更容许年幼儿童独自乘车过关，他们对家居安全、独留儿童在家等安排均未有强烈的保护意识。管教孩子时仍较多使用体罚甚至暴力。本社过去亦处理过多宗跨境学童被虐个案，需要启动处理虐待儿童机制。

跨境学童虽是香港人，但其"香港经验"大多只规限在学校生活，缺乏对香港整体社会的认识及体验，对香港的历史、文化、习惯、价值观、公民责任等均无从经历及感受。要让跨境学童成为"真正的香港人"，便需为跨境学童及其家长创造更多香港社区的经验，把香港人的习惯及价值观深植在学童心中，才有可能把"香港精神"传承至下一代并真正地融合两地经验。

因应跨境学童及家庭的需要，本社于2009年12月与深圳市罗湖区妇女联合会（下称"罗湖妇联"）签订了《跨境学童服务中心合作意向书》。跨境学童服务中心(以下简称"中心"),并于2010年3月试运营,试运营期间破天荒地得到香港公益金资助境外推行之计划——"深港跨境家庭服务计划"。扩建后的罗湖区跨境学童服务中心于2011年3月正式揭幕。

"中心"由"罗湖区妇联"提供场地、派出内地社工、协助宣传、提供内地法律支持,以至影响有关政策。"国际社"则派出香港社工及老师,联系香港的伙伴网及转介网,并向香港赛马会慈善信托基金申请拨款,基金亦慷慨捐出港币670万元赞助为期3年之"蜕变新力量——跨境家庭共建香江计划",大部分服务会在"中心"推行。"中心"也得到了罗湖区政府的支持,它们负责了大部分装修开支。

"国际社"及"罗湖区妇联"以平等及尊重的态度合作,以符合两地的法律法规、办事原则及方式处事,从而在发挥双方之优势前提下,为跨境学童及家庭谋最大的福利。

"中心"的服务宗旨是发展跨境学童潜能、促进跨境学童之家庭关系、建立跨境家庭互助网络以及处理涉及跨境之家庭问题。服务特色是结合深圳及香港社工之力量、联系两地资源,为跨境学童及家庭提供多元化服务,提供社福、教育、法律三方面的专业咨询以及香港专业社工及教师长驻深圳提供服务。服务内容包括:

(1) 个案工作。为有需要的个人及家庭提供个案辅导工作,常见的个案类型包括婚姻、管教、子女管养、经济、情绪、教育等。

(2) 学童功课辅导及英语辅导。星期一至星期五为跨境学童提供功课辅导,协助学童完成功课,回家后可享受家庭乐,家长不用为孩子功课问题伤脑筋。

(3) 家长职业技能培训。跨境学童的家长可学习孩子英语课程的英语,不但可准备将来到港定居找工作,更可在家协助辅导孩子英语,建立自信。其他职业技能培训包括计算机、职业英语等。

(4) 学童品德培育及成长小组。开办"自理小管家""小故事大道理"等小组,以提高跨境学童的自理能力、独立能力及应变能力,并也培养跨境学童正确的价值观及公民责任。

(5) 家长亲职效能教育。支持家长育儿及管教,协助家长了解孩子成长阶段的需要及性格,提供有效及正面的亲子教育方法及技巧。

(6) 家长互助网。透过讲座、工作坊、亲子活动、香港一日游、义务工作等,建立跨境学童家长互助网络,让他们在深圳或在香港均能互相支持,交换经验。

(7) 内地法律咨询。透过本社在深圳的合作伙伴,为跨境家庭提供内地的婚姻家庭法律咨询。

（8）"抵港一线通热线"。为跨境家庭提供咨询，如教育、社会福利、房屋等，由香港社工接听。

（9）香港学校介绍。提供香港中小学及幼儿园之数据及教育信息。

除以上计划，"国际社"也得到香港特区政府民政事务总署资助，推行为期13个月之"深港一家——准来港及跨境家庭服务期望管理计划"，为准备来港定居的跨境学童及家庭开展一系列的培训课程、支持网络及社区教育。

此外，"国际社"在2006年以后的每年9月份均会在深圳罗湖地铁站举行"跨境学童香港教育展"，约20所香港中小学及幼儿园参展，让居于深圳的跨境家庭了解香港学校。

2012年5月，"国际社"及"罗湖区妇联"更与深圳文锦渡出入境边防检查站签订《联络交流机制协议》，为进一步便利深港跨境学童出入境及深港和谐发展服务。

"国际社"以"社福教育，深港互联"为目标，与"罗湖区妇联"成为了密切伙伴，双方以其独特优势获取深港两地资源，为跨境学童及家庭提供一站式多元化服务，以培养香港未来的主人翁，建立他们对香港的归属感及公民责任，同时还与各界合作及交流，以共同建设深港和谐跨境家庭生活。

"跨境学童香港教育展"在深圳罗湖地铁站举行

"自理小管家"亲子小组的
跨境学童学习叠衣服

英语小记者小组的跨境学童
到香港访问外籍人士

亲子香港游——认识香港

建正面团队 迎时代挑战

基督教香港信义会社会服务部

"团队建设"是我们经常放在口边的机构管理主题,作为社会服务机构,一个目标一致、充满动力、创意和热诚的团队,更是我们争取良好工作成效不可或缺的条件。然而,一个成功的团队,实在有太多必须具备的元素,例如员工沟通及关系、架构及分工、员工士气及激励等。因此,要建立一个成功的团队殊不容易。在本文,我们会为大家介绍"基督教香港信义会社会服务部"(下称"信义会")在过去三年多于机构内推行"正面团队"文化的经验,以期与内地机构分享。

(一)为何以"正面团队"作重点

"信义会"启动的"正面团队"文化始于2008年年底。

在20世纪90年代末至千禧年代,香港的社会福利界进行了一场大改革,在服务提供模式与交代、政府津助安排、员工职级架构与薪酬等方面,都有翻天覆地的改变(详细内容非本文讨论所在,故略去不表)。这场改革,正面的是要加强服务对社会需要的响应能力、机构对公众的透明度、机构管理的效能等。但同时也给机构内部带来了"同工不同酬"、员工职业保障不稳定、员工工作量及压力普遍大幅提升等影响管理层与员工,甚至同工之间产生矛盾的因素。

与此同时,香港整个社会在同一时间亦因经济表现不理想、贫富差距扩大、人口老化、家庭及青少年问题不断衍生等,对社会服务在响应性、创新性方面及数量上均提出了新需求。如何建立一支积极、上下一心的服务团队,使我们能更好地迎接社会给福利界的挑战,是机构在当时必须致力思考及面对的巨大问题。

另外,当时香港经历了多个高低起伏的浪潮。"金融风暴"后又有海啸;中间还曾面对两次疫症威胁和两次经济衰退,加上社会福利改革所带来的同工不满、不安的情绪,弥漫着一种不稳定甚至悲观气氛,很容易让人困于负面情绪。

面对当时的社会环境，不少人亦提出了制造和释放"正能量"来抗衡逆境，打破僵局的思想。在这一背景下，建立"正面团队"文化，就成为了"信义会"在机构策略发展上重要的焦点之一。

（二）文化启动——"正面团队"的内容

团队建设不单只是建立机构内部员工的人际关系与沟通的过程，更是建立机构共识、方向、文化的过程。因此，在推行团队建设时，不应只是一些让同工联谊、建立关系及互相沟通的活动设计及执行，更需要找出凝聚向心力的焦点所在，据以建立成凝聚员工的的价值观及文化，并形象化地让同工可以很轻易将文化铭记在心。可以说，这是一项人心建造的工程。

在启动"正面团队"文化一年后，机构总干事于2009年的机构周年感恩大会上，以"正面团队 举重若轻"作为全年工作报告及展望的讲辞主题。在一个正式而庄重的场合，在全体员工（及机构执行委员会）前，由机构总干事为"正面团队"作出阐释及肯定，进一步加强了此项工程受重视的程度。

不过，文化建立容易予人一个"高、大、空"的感觉，也易流于严肃而让人却步。而对于团队参与的成功而言，我们强调的是积极主动，而非"强制行为"。在周年感恩大会上，"信义会"总干事是如此对"正面团队"的内容作出说明的："正面团队"，是轻松开心、参与和充满能量的，这样可以面对各种日常困难和挑战。而所谓"举重若轻"，是"指虽然身肩重要、吃力、沉重的任务，仍能轻省，处之泰然"，就是在沉重的挑战下，仍能处之泰然。作为社会工作者，面对社会的限制、服务对象的困扰，甚至在社工个人亦有怨怼时，如何能保持积极心态，投入工作，就更为重要了。

作为"正面团队"，我们强调克服眼前的无力感，特别是在社会及专业界内都存在困局、迷惘的危机状态时。面对危机，一机构必须有一个稳固的立足点，即与身处弱势的市民一起同行。在这过程中，所谓的举重若轻，就不再只是各人独力承担，更不是内耗，而是要建立"正面团队"。

为使"正面团队"的内容更能深入员工内心，我们设计了一组易明易记的标志及标语（Icon and Slogan），以最短时间让机构员工知悉、流传，设计概念源于我们五根各有喻意的指头：

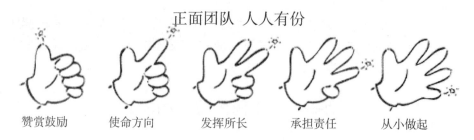

正面团队 人人有份

赞赏鼓励　　使命方向　　发挥所长　　承担责任　　从小做起

彼此欣赏、互相肯定（拇指）；
明确领导、清楚指示（食指）；
发挥长处、互补不足（中指）；
承担责任、坚守岗位（无名指）；
由小开始、积少成多（尾指）。
"正面团队"文化的标志和标语

（三）信息传递　鼓动参与

以建立正面文化为团队建设的核心价值时，我们不能流于"高、大、空"，不能让员工感到一份压得透不过气的严肃，更不能流于说教。作为凝聚800多名同工的价值观与推动力，我们强调信息的有效传递以及员工在轻松、开心状态下的参与。这是一份潜移默化的人心工程，而绝非行政要求与指标。

在宣传工作上，

（1）一如上述，我们设计了一组易明易记的标志及标语，以助传递"正面团队"的内容。

（2）我们制作了自行拍摄的"正面团队"短片，并在机构活动上放映，让全机构员工明白"正面团队"的方向。影片内容以模仿娱乐性丰富的广告片为手法，由机构领导层担纲演出，成功将"正面团队"塑造为有趣味的计划。

（3）每月找不同单位拍摄三分钟的正能量短片，以轻松温馨的手法将正能量传递给每位员工。

（4）在总部设立相片廊，汇集每个单位的集体照，凝聚"一家人"的气氛。

（5）在炎夏之时，推行"夏日送凉果"活动，让同工透过品尝消暑水果和食品，消暑减压，以促进团队工作间的开心气氛并感受机构的关怀。

在鼓励参与及促进同工关系上，我们：

（1）组织了一连串的前线同工"焦点小组"，一方面传递了此文化讯息。另一方面亦搜集了同工对建设"正面团队"文化的具体内容建议，后来不少活动亦是依同工意见而推展的。

（2）成立"正面团队"工作小组，吸纳不同服务的同工参与，合力推动这项工程。

（3）设立"运动联谊津贴"，鼓励每个单位内部举行团队活动，以增加凝聚力和士气。

（4）举办机构员工运动日，除提升每个单位的士气和团队精神外，亦为机构员工提供了彼此认识交流的平台。

（5）设立圣诞联谊津贴，鼓励各单位在圣诞节举行联欢会，提升士气。

在同工质素提升上，我们：

（1）举办主管培训，内容着重于团队建立和沟通。

（2）进行"正向心理学"培训，以提升同工的正能量。

在经历三年多的"正面团队"建议之后的今天，这已是"信义会"机构内一项不可或缺的特质。我们看到，这项人心工程，对培养一个有方向感、勇于承担、有归属感、互相支持、积极乐观、良好沟通而充满能量去实践使命的工作团队，影响巨大。

（四）结语——与鹏城共勉

作为全国试点，深圳在社会工作的建设上，固然比其他地区先进，但亦存在不少问题，例如，员工遇到挫折时迷失、机构缺乏足以维系同工的传统文化精神、流动农民工人口过剩、服务要求压力过大、社会及政府机关配套一时间未尽配合服务所需等情形。种种情况，使不少机构的社工流动性偏高、职业倦怠，甚至为社工维权的呼声也时有所闻。"信义会"参与深圳的社会工作推展以来，感到团队建设这一议题，对内地机构实为殷切之事，遂以此为题，以本身的经验，与鹏城机构共勉。

追求卓越 与时并进
——协康会的管治及管理经验分享

曾兰斯
协康会总干事

协康会自1963年由5名华籍妇女义工创立以来,至今已近半世纪,服务单位达31个,每年为超过6,000个发展障碍儿童的家庭提供服务。在这50年间,协康会不只在服务方面趋向多元化、专业化,在管理方面也与时并进,广泛采用企业化的管理原则,更于2006年获香港董事学会颁发的"杰出董事奖(法定/非分配利润组织董事会组别)",以表扬本会的良好管治。协康会能够有今天的成就,除了有赖同事的努力外,健全和优良的管治制度也是不可或缺的。下文我们会尝试以"7S模型"(7-S Model),分享协康会在管治方面的一些特色和经验,望能抛砖引玉,互励互勉。

协康会于2006年获香港董事学会颁发"杰出董事奖(法定/非分配利润组别)"

(一)"7S 模型"作管治蓝本

美国麦肯锡管理顾问公司的 Thomas J. Peters 和 Robert H. Waterman 挑选了 43 间杰出的企业(包括 IBM、麦当劳、惠普等)进行深入研究,当中发现企业组织成功必须具备七大要素(简称"7S"),包括共同信念(Shared Values)、结构(Structure)、系统(System)、策略(Strategy)、员工(Staff)、技能(Skills)、风格(Style)。其中共同信念是连系各范畴的核心。

麦肯锡管理顾问公司的"7S 模型"

(二)抱持共同信念(Shared Values) 服务由心出发

国际咖啡集团星巴克(Starbucks)的主席 Howard Schultz 先生在他的著作 *Pour Your Heart-into It* 内谈及其集团成功的要素时,反复强调"以客为先"的重要性,他更要求旗下店员都用心去泡制每一杯咖啡,并"友"待客人。连泡制一杯咖啡都有如此严格的要求,我们服务发展障碍儿童的自然更需具备一颗热诚和富使命感的"心"。

为了达致上下一心,董事会、管理层,以至员工间必须拥有共同的抱负,认同机构使命和核心价值。协康会于 1998 年订定机构的抱负(Vision)、使命(Mission)及核心价值(Core Values,简称"VMV")。其间随着社会的改变,服务对象的需要和期望亦不断提升。因此，我们对 VMV 先后作出修改，以配合客观形势的发展。现时的 VMV 是 2002 年订立的（见附件一），是经过各持份者反复讨论，具认受性及有指导性作用的使命和价值，它可以凝聚和激发全会上下齐心协力地为实现机构的抱负和使命而努力。

（三）厘订清晰策略（Strategy）　引领发展方向

协康会自 2002 年修订抱负及使命，将服务范畴从培育学前弱能幼儿，扩展至协助不同潜质的儿童尽展所能后，服务转趋多元化。我们亦于同年起开始制订三年（中期）策略及周年计划，并以"平衡计分卡"（Balanced Scorecard）作为策划的工具，详细勾划出机构在财务（Finance）、顾客（Customer，即服务）、内部运作（Internal Process）及学习与成长（Learning & Growth）四个范畴的策略性方向。根据三年的发展策略，再订定机构层面每年的具体工作目标和指针。

在厘订机构策略时，我们会评估机构的内外环境，强、弱项，发展机遇及威胁而定出对应策略，务求能令机构掌握机遇，回应挑战，迈向更高的境界。在过程中，除了有董事会成员、高层管理人员的参与外，我们亦透过每年的员工大会及家长聚会，搜集他们的意见。参照机构的周年计划，中心主任会订定所属中心的计划，而属下员工会参照此计划订定个人目标。因此，清晰的机构策略有助于引领全体员工朝着同一方向作出贡献。

随着香港政府实施"整笔拨款"的新资助模式，机构在人员编制、薪酬标准及财政调配等方面享有了更大的自主权，加上政府亦鼓励社福界进行内部改革及妥善运用资源，以配合社会的需求。协康会响应有关建议，先从作为权力核心的董事会着手改革，花了近两年的时间编定《企业管治手册》，清楚界定了董事会与管理层的关系、彼此的分工及决策流程，又精简了董事会属下的小组委员会数目，使决策更明快及富效率。重组后的董事会成员的背景趋向多元化，能配合机构的业务发展需要提供专业意见。而管理层方面亦聘请了多位来自不同界别的专业人士，分别掌管财务、人力资源、企业发展、服务和训练及信息科技等部门的工作，有效地提升了机构的管治与管理能力。

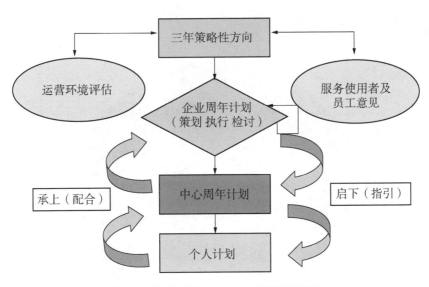

建立有效架构（Structure），厘清问责范围

协康会清晰界定管治团队间分工和决策流程的《企业管治手册》

（四）确立健全系统（System） 提高管理效率

完善健全的系统可确保机构政策的持续性和一致性，而随着信息科技的进步及普及化，协康会于2002年设立信息科技小组，每三年制订机构的信息科

技策略，逐步建立了多个信息管理系统（详见下图），以改善机构的运营效率。

协康会信息科技系统

其中人力资源、财务及服务管理系统是机构最核心及最优先发展的系统，它们为管理、决策提供了重要数据。而第二环的协康网页、儿童复康信息通、电子通讯及面书（Facebook）、电邮系统等则为服务对象提供有用的服务或活动信息，促进与服务使用者或其他持份者的沟通。最外一环的多个系统主要是支持老师为儿童提供训练以及协助处理捐款、图书借还、物资管理及促进知识贮存和交流等，对提升内部运作有莫大裨益。

（五）维系优秀团队（Staff） 提供优质服务

员工是机构最宝贵的资产，只有高质素和用心投入的员工才能确保有高质素的服务水平。我们通过系统化的培训，提升员工的知识和技巧。为了增加员工在工作上的满足感和对机构的归属感，管理层会透过不同场合、不同媒介向员工阐释协康会的使命和信念，让员工明白其工作对学童及其家庭的重大意义。主管亦会指派同事担任一些具挑战性和可发挥技能的工作，让他们获得成就感和责任感。机构又会对员工的努力表示认同、鼓励和赞赏，使员工感到被重视，被尊重，藉以肯定其在工作上的积极性。对表现优异的同事，机构会加以晋升或授予不同奖项，例如透过"优秀表现奖"、"飞跃进步奖"、"勤健奖"、"长期服务奖"等表扬他们的表现和对机构的贡献。

在激励员工提供优质服务之余，我们亦不忘照顾他们的需要，人力资源部会定期举办推广身心健康的讲座、兴趣班、联谊活动，以提高员工的健康意识，让员工得以舒缓压力及在身心方面有均衡的发展。

另一个凝聚同事对机构产生归属感的方法是保持与员工紧密的沟通，争取他们对管理层的信任与支持，并让他们参与其中，好让他们明白及认同每项改革的内容，体会到机构对他们的关心和照顾。现时我们会透过协康内部通讯、电脑快讯（Pop-up Message）、协康汇讯、活动快讯、定期会议、协康蓝图及总干事周年探访等形式，第一时间介绍机构的发展和聆听家长与同事的意见。

协康会透过每年的员工及家长聚会搜集他们对服务发展的意见

（六）重视提升技能（skills） 持续改善服务

康复服务知识日新月异，为提升机构整体的专业水平，让员工与时并进，持续改善服务，机构积极为专业同工提供多方面的培训机会，包括赴海外接受训练或邀请国际知名学者到访，让他们扩阔视野，增进知识。我们又积极引入外国一些具实证成效的训练策略，加以翻译和本土化，例如《结构化教学法》及《乐在地板时间》等系列教材的出版，不只可提升协康员工的训练技巧，更可惠及香港及大中华地区的同业。同时，每个专业团队亦各自举办分享会，而机构每年则举办"优质服务分享会",又设有"知识管理系统",促进员工之间的知识与经验交流。此外,机构更鼓励专业同工将多年积累的经验结集成书或教材套,让他们的知识及技术可以薪火相传。现时本会已编印了40多套书籍,在编写过程中亦一步一步巩固了员工的知识和技巧。

协康会先后引进多套海外训练策略,包括《结构化教学法》及《乐在地板时间》等

在管理知识和技巧方面,本会自20世纪90年代初起即已邀请商界管理专才为管理人员提供培训,涉及的范围包括基本管理知识、策略性规划、顾客服务及处理投诉、员工表现管理、创意思维、知识管理、危机沟通技巧等,务求能扩阔管理层视野,以便其能作出具前瞻性的领导和规划。

(七)适时领导风格(Style) 推动会务发展

每个组织都有其独特的风格,而这一风格在某种程度上是深受其领导人的影响的。以苹果电脑为例,它在创办人乔布斯的带领下,建立了一个创新、卓越、精美、严谨的形象。协康会一直突显其专业、与时并进、热诚投入的服务态度,并以此赢取了受众及业界的认同。在管理层的带领下,机构除了提供传统的政府资助服务外,也鉴于学前康复服务严重不足,率先于2000年创办"青葱计划",以自负盈亏的方式运作,为急需专业服务的轮候儿童及其家庭提供全面训练和家庭支持。其间，管理层因应时代的转变，积极地拓展崭新服务。如近年透过不同模式支持入读主流学校而有特殊学习需要的学童，并与商界合作为毕业的年青人提供职前训练。机构以创新企业的精神，鼓励各阶层大胆尝试，这不单可推动会务的进一步发展，有效响应社会的需要，更为复康服务行业注入了新思维、新动力。

（八）总结

要管理好一个机构，无论它的性质属牟利或非牟利，分别其实不大，都是要管人和管事。若要建立一个"追求卓越，与时并进"的社会服务机构，硬件的建立，如清晰的发展策略、有效的架构和健全的管理系统固然重要，但一个广受同事认可的共同信念、优秀的团队、适时的领导风格、专业技能等软件也是不可或缺的。只有软硬件兼备，互为配合，才能建立或维持机构的卓越品牌和与时并进的形象。

协康会有今天的成绩，亦有赖各持份者（包括董事会成员、管理层、员工等）上下一心，再配合健全及优良的管治架构和系统以及领导层和员工的热诚投入、专业进取精神。

董事会成员、管理层、员工等上下一心推动协康会的发展

附件一：核心价值

致力提供专业的服务（**P**rofessional Dedication）；
宣扬平等机会的信念（**E**qual Opportunities）；
与时并进及推动创新精神（**R**esponsiveness & Innovation）；
提倡以家庭为本的服务基础（**F**amily Focus）；
给予孩子愉快的童年（**E**njoyment of Childhood）；
注重与各界的沟通和合作（**C**ollaboration）；
实践融洽合作的团队精神（**T**eamwork）。

财务
1. 维持稳建的财政状况

协康会的抱负和使命
抱负——成为大众首选的儿童教育及福利机构

使命——让不同潜质的儿童，在愉快的环境下健康成长，协助他们尽展所能，共同缔造平等融和的社会

顾客
2. 建立清晰形象、突显机构的卓越服务、创新领导地位及推动共融理念

3. 持续改善服务，引进创新意念，照顾服务对象的需要

学习及成长
5. 维持一个高效能、具热诚、关顾儿童、家长的团队

内部程序
4. 加强研究及发展、推动知识管理及精简程序/计算机化

圣雅各福群会推行内部审计以改善服务质素

赖锦璋
圣雅各福群会总干事
（现为圣雅各福群会行政顾问）

（一）引言

姑勿论审计员是来自政府、专业团体、管理顾问公司，抑或是机构内部的审计部门，服务单位在面对审计时都会非常紧张，生怕被找到"NC"，被责怪工作做得不够好。对圣雅各福群会来说，我不能说职员在面对内部审计时没有压力，不过，由我们的"企业质素及资源管理"（Corporate Quality and Utilization，简称CQU）所策动的审计计划，职员都知道，是为了找到优良实务供其他服务单位学习；又或者找出可以改善的地方，然后一同改进。审计乃为同事好、为服务好，也为准备服务单位面对更严苛的、由外间机关派来的审计员。所以，当CQU的质素经理披着"审计员"之名到访的时候，他们往往得到热情的接待、充分的合作，在认真地探讨服务单位在运作上的不足时，仍能维持从容亲切的气氛。近年，更有服务单位在没有被抽中的情况下，主动邀请CQU为他们进行审计，从而找出问题以改善服务运作，对CQU来说，这是本会审计计划成功的一个指标呢！

（二）机构简介

圣雅各福群会成立于1949年，现时本会的服务多元化，包括长者、弱能人士、家庭、儿童、青少年、社区及各慈惠计划等，共有职员1,200多名，服务单位80多个，每年开支超过4亿港元，每年服务超过300万人次。

本会的服务除政府资助外，又开办多项自负盈亏服务，并鼓励职员主动发掘服务使用者尤其贫困无依者的问题和需要，向善长募捐经费以开办新服务。本会早年的创新服务包括松柏之声、家务助理、长者日间护理中心等，近年最为社会津津乐道的，有食物银行、后顾无忧、时分天地、蓝屋保育、惠泽社区药房、绿色家电环保园等。

（三）踏上质素管理之路

港府在 1999 年至 2000 年间改革社会福利资助及监管制度，本会在此改革前已开始质素管理，并聘请陈洪涛先生出任顾问，以三年时间建立了一个全面优质管理系统。其后，我们拟订了机构共同愿景、使命和价值观；成立策略领导团队，每三年订立一次策略计划；制订机构政策、服务标准及服务表现指标；定期推行顾客服务训练；每年进行顾客及职员满意程度调查等。

在制订 2003 年至 2006 年的策略计划时，抽调人手在机构中央成立"企业质素及资源管理"及"企业拓展——协作"两个团队，是圣雅各福群会管理系统发展的另一个新里程。前者负责支持中央行政以维系及发展内部运作，后者则负责与外界联系、筹款及拓展慈惠服务计划。CQU 的工作，主要包括标准重检、内部审计、职员培训和流程改善（见下图），下文会重点简介内部审计。

圣雅各福群会的"企业质素及资源管理"

（四）内部审计

一如其他接受政府资助的社福机构，圣雅各福群会需要履行社会福利署规定的 16 项服务质素标准（详见以下网址：http：//www. swd. gov. hk/tc/index/site_ ngo/page_ serviceper/sub_ serviceper/id_ servicequa/）。我们需要为职员和服务使用者提供一个有清晰政策及程序的管理系统，为他们提供一个安全的服务环境，并有效地收集他们意见及评价。为了有效地收集意见及评价，我们每年均会进行使用者满意程度调查和职员满意程度调查，并建立了以下几个内部审计计划：

（1）财务审计。以往由于人手的限制，会计组每年只能到访两三个服务单位。由 2008 年开始，CQU 派出一位质素经理以及一位会计主任，一同到服务单位进行审计。他们一起重检整个审计安排，包括每 4 个月随机走访 8 个单位、每次只审计一部分当下最关心的项目、审计后 4 星期内准备好报告并要求有关单位在 4 星期后提交改善计划；CQU 并会定期整理在审计中找到的优良实务和共通问题，与全会同事分享。

（2）神秘顾客。自 20 世纪 90 年代中推行全面优质管理开始，我们便定期为同事举办顾客服务训练，每位新同事均须在入职首年报名参加一个半天的基础课程。此外，他们亦可因应工作需要及个人兴趣，报名参加其他专项课程，包括处理投诉、接听电话，指导前线同事改善顾客服务技巧等。自 2007 年起，CQU 推出"神秘顾客奖励计划"，藉以了解顾客服务训练的成效。每年，CQU 会抽出 8 个服务单位，邀请新同事或实习学生打电话及到访这些单位，查询服务。每个单位会被致电 3 次及到访 3 次，"神秘顾客"会将评分及意见写在问卷之上，交给 CQU 的质素经理制作报告，内容包括职员态度、服务资料、团队精神及环境设施等。CQU 除了向有关单位主管报告结果，亦会在年终时颁发奖励予评分高的单位，提示全会在顾客服务方面可兹改进的地方，并因应结果重新编制各项训练课程的内容。

（3）安全审计。本会 2006 年至 2009 年的策略计划共有 4 个目标，其中一项为预防危机。因此，本会成立了一个跨部门的预防危机委员会，并请 CQU 建立一个安全审计系统。CQU 每年会随机抽出 8 个服务单位，派出质素经理到访，除了审视单位的环境、设施及文件纪录，亦会面见职员，从而了解职员的防危意识及单位是否有一些潜在危机。安全审计的内容共分 10 方面（见下图），合共有超过 100 个需要审计的项目，基于符合要求的项目多少，被审计的服务单位会获颁授一个色带评级。至目前为止，共有 36 个服务单位接受了安全审计，其中有 5 个因有超过八成项目符合要求，获颁授最高评级——"黑带"，成为其他服务单位学效的对象。

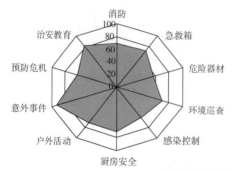

防危评级符合项目比率

黑带 80% – 100%
蓝带 60% – 79.99%
绿带 40% – 59.99%
黄带 20% – 39.99%
白带 0% – 19.99%

圣雅各福群会的安全审计

（4）企业平衡计分卡。在2004年初，本会聘用香港生产力促进局为顾问，协助我们建立平衡计分卡系统，同年由最高管理层成立"计分卡建立委员会"，由顾问举行工作坊，让中层职员认识基本概念和推行方法。最高管理层经商议后，决定将计分卡用于量度机构策略计划的进度及成效，并在第一年草拟了20个"主要绩效指针"，每月收集数据及每季提交报告。系统运作了4年，至2009年新一届机构策略计划出台，决定改以其他较具成本效益的方法掌握机构运作。总结经验，"表现指标没有与金钱报酬挂钩"和"没有将此系统下放至服务部门层面推行"是两个未能充分发挥计分卡效能的主因。

（五）具圣雅各福群会特色的审计安排

圣雅各福群会的传统文化是让同事自由自主地工作。正面来说，职员工作时都极具热忱，因而产生创意、动力、更易取得成果及从工作中得到很大的满足感。反过来说，他们抗拒被管理和被审计。他们不会否定管理和审计有其功能，但会希望多留时间及资源在提供直接服务方面。因此，在圣雅各福群会推行审计计划并不容易。此外，圣雅各福群会的另一文化特色是多元化，多元化令我们拥有很多不同领域的工作经验并建立了很多不同的资源网络，但亦令我们难以为多种不同的服务对象及环境建立同一套执行标准，没有同一套执行标准，也就没有共同的基础去进行审计，进而比较及分享审计结果。

在这种情形下，在以上于圣雅各福群会推行的审计计划中，你会发现以下几个共通点：

（1）尽量减少对前线服务的骚扰，例如尽量由已有的安排开始。

（2）挑选一些认受性高，或重要性不容置疑的题目推出审计，例如财务、安全。

（3）质素经理采用非常友善、支持和谅解运作困难的态度。

（4）强调找出强项和分享优良实务，而非找出漏洞和不符合点。

（5）先有试行阶段，并邀请一些较正面及较有信心达到审计要求的服务单位在试行阶段参加。

（6）由总干事或外间中立人士在很多职员出席的场合公开抽出被审计的服务单位，减少服务单位被针对的感觉。

（7）用较正面的字词命名，如"奖励计划"，以淡化管理、审计的意味。

（8）大力奖励表现突出的服务单位，例如在全会职员会议中颁发奖状及果篮，并邀请主管分享其优良实务。

（9）CQU只推行审计，而改善的责任仍在其单位主管及高级经理手中。

（10）服务单位如在进行改善时需要协助，可以向CQU提出。

（六）小结

圣雅各福群会近年在市民及业界中得到认同，现时的工作及管理文化（包括人情味、创新性及多元化）有助更具质素的服务诞生。然而，改变是无可避免，任何机构都渴望由好可以进一步变得更好，本会服务及职员人数持续增加，对领导对管理对沟通对效率都会有更高的要求。以上是我们推行内部审计的一点经验，我们很欢迎业界内外的朋友与我们交流，对我们的安排作出指正，让我们在作出改变以迎接各种各样的新挑战的同时，一同把服务做得更好，让更多有需要的人受惠吧！

圣雅各福群会推行内部审计以改善服务质组图

受审计服务单位同事展示他们的优良实务：在同事间用以互相提示以遵行安全守则的标贴

受审计服务单位欢迎CQU到访进行安全审计

1949年圣雅各福群会在香港湾仔石水渠街借用北帝庙开始为街童提供服务

今日位于香港湾仔石水渠街北帝庙对面的圣雅各福群会总部大楼

后顾无忧规划服务连续三年夺得本会顾客满意程度调查最高得分

后顾无忧规划服务及惠泽社区药房两项创新服务分别夺得2009年度及2011年度香港社会服务联会的"十大卓越服务计划奖"

三、香港机构服务运作及发展特色案例分享篇

CQU 团队：她们就是披着狼皮的羊呢

CQU 定期与业界友好分享质素管理的推行经验，互相学习，取长补短

四、内地与香港机构在内地社工发展及督导计划之心得分享篇

良师益友　希望同行
——机构顾问工作述略

深圳希望社工服务中心
香港顾问机构：香港家庭福利会

2010年12月至2011年12月，香港家庭福利会（以下称"家福会"）顾问团队作为深圳市希望社工服务中心（下称"希望"）的顾问督导，为机构的项目管理、机构管理与发展等事项提供具体指导，显著增强了机构项目运营效果，加强了机构能力建设，提高了服务与管理质量。

在机构发展与管理方面，就目前深圳整个社会工作发展来说，虽然是全国社会工作的"先行先试"城市，也是在"摸着石头过河"，经历4年的探索，也总结了一些符合本土市情的经验。但总体来说，现今的民办社工机构，自成立之初至现在，其机构负责人是否真正怀着公益之心在做社会服务，仍不得而知。政府的大蛋糕太诱人，引得越来越多的注册机构如雨后春笋一般林立，它们到底出于何种目的来经营，值得深思。

"希望"最初定位于青少年领域、教育领域，力争打造专业机构。但随着深圳市社区服务中心的推广建设，机构顺应社会形势，积极争取社区服务中心项目。但令人遗憾的是，因为领域的限制、地域的限制等因素，我们未能争取到相关资源。由此引发了思考，深圳的社会工作机构到底要朝着何种方向发展？是继续保留单一的领域优先，还是遍地开花，涉足各种领域？任何领域都涉足是否能保证品牌化？单一领域的领先是否会在时代浪潮中湮灭？对于非营利组织来说，使命就是组织存在的结果，是指引组织不断进取的方向。"使命第一"的概念贯穿于组织的任何地方。尤其对于非营利组织来说，薪酬不是很高，待遇一般，凭什么来同权力部门机关事业单位、高薪的私企竞争人才呢？我觉得就是使命在指引热爱、愿意奉献的人投身到事业中去。认同使命，才会无怨无悔，才会心甘情愿，才会为了整个事业的发展去尽心尽力，使命的重要性由此可见。而相应的核心价值、愿景、战略都是围绕着组织的使命来规划和制订的。

在社会转型，经济结构剧变的特殊时期，各种矛盾陡然显现。为此，机构顾问冯婉娴姑娘等带领我们逐一梳理形势，分析利弊，理清思路，与我们一起制订出符合机构发展的使命及愿景，这对于我们犹如定心丸一样。出资人（法人）对社福机构的认识关乎机构发展这是无庸置疑的。为了让机构出资者、高层领导、理事会成员深刻了解香港社福机构的运作，机构顾问特别组织了机构高层赴香港家庭福利会交流学习，进一步加深了对社福机构的了解，也为机构的组织建设奠定了基础。不管是理事大会的召开，还是在教育系统社会工作座谈会或是"深爱生命教育"启动仪式上，机构顾问总能抓住重点，针对细节进行讨论，其运筹帷幄的能力令人佩服。尤其在调整机构的问题上，顾问能够举一反三，列举出6个方案，每个都非常可行。这种处理问题的角度及深度非常值得我们学习。就目前来说，机构高层非常重视增收，对于才运作了3年多的社福机构来说，这还是颇有难度的。毕竟在全市范围内对社会工作的认识都还未普及，收费的社工服务恐还得一段时日。此外，我们需明确机构现阶段最重要的是什么，什么是强基固本，只有加强自身建设，提升机构在社会中的公信力，才会在适当的时候赢得更多的资源。

香港家庭福利会顾问团队对项目指导产生的效益是，不管是在项目负责人的培养，还是在项目团队运作以及项目整体运营上，都能朝着理想的方向进军。本机构尝试从以下几个方面来予以说明：

顾问是项目发展的引路人。每一项目都是一个新的开始，特别是在拓展新的服务领域时，顾问总是能从协助我们规划项目的发展方向入手，讨论人员的分工与职责，教授联络的技巧与方法，总结项目发展的经验，让我们不断地学习与摸索项目的发展。在顾问的指导下，我们撰写完成"项目操作手册"，将经验记录下来，为项目人员工作提供参考，也为其他项目的发展提供参考，这是我们这一年工作最重要的财富。

顾问是困难面前的希望。作为项目负责人，由于自身项目的执行经验及能力有所不足，故而时常会因为各种困难而退缩，比如项目发展方向的不确定，资源的有限性，新同工能力的不足，新部门的规范，对外联络的不确定等，每一个方面都可能成为困难。顾问的每一次出现就像是我们陷入泥潭时看到的一根绳子，它总能将我们拉出困境。随着困难的一次次被解决，我们的能力也一次次被提升，每一次困难的解决，就是我们的一次成长机会，这是因为顾问引导我们思考问题的解决方法，而不是直接给我们方法。在顾问的身上我们也深刻体会到了"助人自助"的成效，当我们独立工作后，才知道之前每一步都很重要。

顾问是香港专业项目服务的传递者。深圳的社会工作发展还处于起步的阶

四、内地与香港机构在内地社工发展及督导计划之心得分享篇

段,很多经验都不成熟,而临近香港,让深圳有了发展的机会,有了发展的老师。顾问就是香港经验的传递者,他们将香港的发展成果、经验带给我们,同时也帮助我们联系香港的资源,为我们提供学习的机会,让我们亲身感受香港社工发展的氛围与成果。在每一次学习时,顾问都会提醒我们结合深圳的情况来领会香港的经验,不能照搬照抄,仅可以作为参考。看到香港的发展,让我们感受到深圳的明天,我们期待深圳的明天,更想为深圳的明天而努力。

顾问是社工发展的前辈。香港社工行业的发展,也塑造了不同的社工,提供了不同的发展道路,顾问依据香港发展的经验,结合深圳的特殊情况,协助我们制订个人的成长规划,引导我们思考自己的目标,自己的优劣势,协助我们不断地学习,提升自我,以前辈的角色引导我们在社工路上前行,看着顾问,想象着几年后的我们,内心便充满了斗志与激情,我们要努力工作,我们的目标就是像香港顾问一样。

顾问是生活中的益友。我们从不同的城市来到深圳,走进社会,走进社会工作行业,很多陌生的情境让我们不知所措。我们与顾问因工作而相识,因工作而建立良好的关系,也因工作给了我们在生活上的接触机会,我们可以跟顾问谈不同话题,如谈爱情,谈婚姻,谈交往,谈理想,谈各种生活百态。顾问也跟我们分享其人生经历,让我们更感受到一份真诚,渐渐地,我们成为了生活中的好友。

每一个督导时间,都是一次学习的机会,感谢顾问,感谢香港家庭福利会顾问团队带给我们的每一次成长,点点滴滴的支持。作为风雨路上的同行者,他们相伴并鼓励着我们,并见证着机构的每一次进步,如此才能让我们走得更高走得更远。谢谢顾问,谢谢"家福会"的顾问团队,在此我们更希望彼此能同行至远。

得着全方位指导的要素

冯婉娴

香港家庭福利会机构顾问队主要执行人

张绍山总干事于 2010 年底，亲自拜会香港家庭福利会（以下称"家福会"）总部及专业培训部，提出邀请本会为其提供顾问服务的诉求。在香港的这次会面，加强了希望社工服务中心对"家福会"的认识及信任，并深化沟通的基础。张总与出资方因应我会过去在香港、在深圳的工作效果，又感受到我会坦诚和开放的工作态度，深信双方的合作已可以"立刻上马"，这不仅省却了探索过程花费的岁月，而且还具备尽快进行机构改革的优势。

"家福会"对希望社工服务中心绝对是有相当程度的了解的，因我方的督导曾于 2009 年度和 2010 年度负责指导过对方的岗位服务并培训过对方的社工督导和人员，其间与高层进行了不少管理上的沟通和专业交流。双方的认识，足以突破不同工作地域的限制。在议定"机构顾问合作方案"期间，张总与出资方及我方的工作顾问，也曾进行过多次专业交流，基本理顺了工作关系。

在 2010 年 12 月至 2011 年 12 月期间，双方的合作过程非常愉快。眼见希望社工服务中心的管理和服务持续进步，双方人员都感到很大的振奋。其达到高效成果的重点因素可归纳如下：

1. 重视每次见面和资料准备工作

希望社工服务中心的高层人员，对每次的工作会议极其重视。张总、周副总积极配合服务队执行人的指示，不仅能提前上交作业及工作准备报告，而且还会在当天交待改革进度和构想。

项目负责人时女士谦虚好学，珍惜督导过程，往往在认真反思后，适时将学习的要点落实在日常的项目工作中。此外，两名初级督导和一众督导助理总能以大局为重，响应机构顾问发出的呼吁。

2. 自愿把脉以期调节自身

深圳机构有着拓展过急的倾向，而内部人员的流动性却极高，状况令人担心。假若外表与内里的不一致，导致机构"光有表面"而"实力欠奉"，则机构的形象必受影响。希望社工服务中心的高层与顾问服务队深信必须投放更多心思并在以下几方面投入努力，这包括：

（1）逐一梳理行业形势。
（2）分析自身利弊，理清思路。
（3）一起制订出符合机构发展的使命及愿景。
（4）重构理事会成员的组合。
（5）加强实力的展示。
（6）提升机构在社会中的公信力。

既然"希望"的高层与出资方目标清晰，那么，摆脱外表与内里不一致的歪风，其突显在行业中的专业性的目标明确，并期望在此方面有所成就，长远而论，其结果必定是在业界获得更多的信任和资源。

3. 尽展机构个性与实力

就目前而言，单一领域的服务品牌化对于只具有三四年经验的希望社工服务中心实在是非常重要的考验。其后，机构是否"该遍地开花，涉足各种领域"则更有待继续研究及探索。为此，双方共同规划做了下面几项工作，作为实践本年战略发展的部分内容，包括：

（1）巩固全机构人员上下对危机干预的技巧掌握。
（2）展示"深爱生命教育"的成果产出。
（3）在启动仪式上宣布未来的焦点工作。
（4）发挥社会工作用人单位座谈会的影响力。

我会——香港家庭福利会衷心欣赏希望社工服务中心一年来的付出。在此期间，他们有效地实施了内部改革，理顺了项目运作，理论与实践并重地提高了自身在行业内的认受性。

在此我会衷心祝贺他们的"希望驿站项目"再度成功取得拨款和延续运作。最后，祝愿"希望"机构同仁上下一心，为社工事业贡献更多力量，为社会服务本土化开拓新天地。

项目及机构顾问对我们的帮助

深圳市春雨社会工作服务社
香港顾问机构：香港路德会社会服务处

深圳市春雨社会工作服务社于 2010 年 3 月运营了"春雨润'吾'——辅导及预防青少年滥用药物计划"项目，受到市民政局和市社会工作协会的支持，为我们配备了机构项目顾问。之后我们自行联系了香港路德会，也受到路德会的支持，使我们拥有了机构和项目的两位顾问。

自 2011 年 12 月以来，机构顾问卢永靖、项目顾问廖胜庆开始了对我机构每月 3 次的顾问工作，其顾问范围包括机构前 3 年的发展总结和反思，今年及未来 5 年的远景规划制订，管理层管理方式和技巧培训，各类规章制度的完善及执行，机构稳步壮大和人才队伍稳定策略，各类项目策划，具体实施检测，机构文化建设、员工交流培训等，这些顾问工作对机构的发展产生了重要影响。

在顾问的帮助下，我机构重新思考了机构的定位、使命、愿景及发展方向，并结合 3 年来的服务经验和所取得的成绩，对此作出了较为现实、较为长远、较为具体的描述，并制定了未来 5–10 年的发展规划，从根本上保证了机构正确的发展方向。而且机构管理层逐渐形成了从长远的角度看问题、解决问题的思维模式，打破了之前就事论事、就问题解决问题的旧模式，能够以发展的眼光处理机构发展的重大事务。

在督导、顾问的帮助下，我机构逐步加强了中间管理层的力量，并通过对其开展管理知识、管理能力的培训，使其逐渐成为了机构管理的中坚力量，并使其在推动机构上下级的沟通、机构项目创新创意、机构执行能力等方面发挥起重要作用。这一举措也为机构同工个人开辟了一条除督导之外的又一自我提升之路。

机构每年都会面临各种各样的公关危机和内部危机，而之前机构处理问题的模式相对单一，且不能很好评估问题之间的关联性，在顾问的帮助下，机构开始能够从机构各个利益相关者的角度出发解决问题，并能够使问题的解决具有前瞻性和可重复性，这大大降低了重犯错误的可能性，使得机构能够以较高的效率处理各种事务，并做到"有章可循，有法可依"。

在顾问的合理化建议下，机构越来越重视人才的培养、成长及机构文化的培育。现时机构对人才的重视达到了前所未有的高度，这不仅体现在机构使用大量经费开展社工培训和团队建设上，而且还体现在通过一整套严密的绩效考核体系开展绩效评估和年终评优上。这一绩效考核和年终评优体系不仅能够综合各方意见，考评出社工的实务工作优劣，而且还能够从不同方面对员工（包含督导助理）进行评价，并给予精神、物质奖励。当然我们也引入了优胜劣汰的竞争机制，使"优者上，劣者下，平庸者改"，从而使机构从整体和个体上保持了较高的水平。

社工除了开展个案、小组、社区活动等实务工作外，还有一个很重要的工作就是资源网络的建立和使用。在顾问的建议下，这一工作也逐渐演变成了机构的一项重要任务，成为机构得以发展的生命线。目前，我社已经开始着手建立一个覆盖国内高校、深圳社工机构、香港台湾同行机构、各区民政部门、各社会企业等利益相关单位的资源手册，与之逐步建立起稳固的合作关系，并在专业领域内开发了不同的综合化服务。

我们看到，顾问在机构的规范化、专业化发展和管理等方面的帮助是极大的。因此，我们希望这种仅有一年的直接督导顾问，能够持续对服务社的发展和壮大发挥作用，我们也希望在这次合作结束之后，能够有其他的形式继续和香港路德会保持合作关系，以共同促进深圳社工事业的发展。

深圳市春雨社会工作服务社顾问工作响应

香港路德会社会服务处

香港路德会社会服务处于 2010 年 12 月获深圳春雨社会工作服务社（下称"春雨"）邀请，为其机构提供为期一年之顾问服务。期间本处以团队工作形式为春雨提供机构及项目顾问服务。过程中"春雨"社会工作服务社管理层一直积极参与，清晰表达其需要与期望，在协商讨论下逐步开展有关顾问工作。

如李主任所言，过去一年，"春雨"管理层十分认同强化机构管理及建立机构核心价值与文化之重要，期间透过多次工作坊检视机构之定位、使命、愿景及发展方向，并顺利完成机构 5—10 年之发展规划，在在反映了"春雨"管理层之魄力与干劲。与此同时，春雨亦十分重视人才培养与任用，多次与顾问讨论同事分工及角色安排；探讨如何推动内部培训及分享文化和如何强化机构中层管理人才培养等工作，让机构不单能善用人才，更能有效地促进人才之发展，强化机构的专业发展路向。

同时，随着广东省内社工机构急速的发展，机构亦面对严重之人手流失问题，李主任对此十分重视，即与香港顾问探讨有关跟进计划，并迅速制定多个应对方案，包括强化奖励机制以挽留人才，制造参与机构中央工作平台，从而物色具能力及承担之第二梯队人才，另更透过香港顾问卢永靖于国内高校之网络，协助邀请各高校优秀社工学生到"春雨"实习等，一方面对应了减低人才流失问题，另一方面则积极发掘并培养了机构的优秀人才，确保了机构的稳步发展。

在过去一年之合作过程中，即使机构在发展道路上面对各样之挑战与限制，李主任与其核心团队均能迎难而上，镇定地应对各式各样的挑战。其勇敢地打破旧有制度框架，开放地吸取新的思维模式，且坚实地推动新制定之政策与措施的精神及做法，实令人敬佩！因此对我们而言，香港顾问与"春雨"间亦师亦友的合作关系，使彼此均能在过程中互相学习，一同成长。

牵手香港社福机构　共创深圳和谐社会

深圳市志远社会工作服务社总干事　张会杰
香港顾问机构：香港路德会社会服务处

怀揣着为社会做点事儿的初衷，我踏上了公益之路，憧憬着"和谐深圳"的美好明天，我认真践行着每一份承诺。2011年底，深圳市志远社会工作服务社（以下称"志远"）出了一本特刊，其中香港路德会卢兆荣督导撰写的《深圳社工和谐花园图》给我的启发很大。他在文中的几段话让我至今记忆犹新："党和政府是花园的规划者，深圳市民政部门是花园的设计者，'1+7文件'是花园的管理制度，深圳社协是花园的管理处……"一处处贴切的比喻，一个个精彩的措辞，彰显着专业的特点，透露出人性的气息。而我作为社工机构一员，则扮演着辛勤园丁的角色，每每置身其中，乐此不疲，感触颇多！

（一）众里寻他千百度　暮然回首　那人却在灯火阑珊处

创办社工机构3年来，我见证了社会工作不断壮大的过程。如果回过头来总结这几年的发展经验，我认为借力香港社福机构，选配机构顾问，是深圳社会工作快速发展的秘诀之一。作为非政府组织（NGO）的创办人，从"志远"成立的那一天起，我就从没停止过去寻觅能帮助"志远"健康成长的外脑。在我心中，结缘香港督导是深圳社工行业的重大举措，选派具备良好专业技能、丰富实践经验的社会工作督导，可以规避社会工作在内地快速发展所带来的许多风险。

通过有关部门的引荐介绍以及自己的不懈努力，在创办机构两年后，我终于结识了香港路德会这家灯火阑珊处的有缘人。说实话，在与路德会签订合作协议的那一刻，我不知怎的突然感觉到"志远"有力了，对"志远"的未来，我顷刻间多了几分自信。受机构顾问合作单位的委派，路德会顾问团队的督导为我机构及项目运作出具了专业意见，除此以外，他们还在社工机构行政管理、未来发展规划、服务质量的跟踪监控、人力资源管理及发展等方面，提供了贴心的服务。

事实也正是这样，凭借深圳与香港的地域、文化优势，借力路德会的专业精神和成熟的发展模式，"志远"社工机构在公益的道路上不惧风雨、不懈努力、专业专注，在深圳和谐社会的构建中扮演了重要角色，为社会工作在中国内地的实践积累了经验。"志远"社工机构紧跟时代步伐，首推的菜单式服务、首创的社保社工和党建社工品牌，均获得了同行的好评，引起了社会的广泛关注。

（二）督导工作可圈可点督导生活亦显别样风采

香港 10 余家社福机构联合打造的顾问平台，让我们每每遇到问题和困惑，有处可问。定期组织深圳合作机构人员赴港培训、学习、参观，往来频繁、自然，拉近了香港与内地的距离，促进了双方的互利共赢。深圳社工机构的专业化、规范化发展，深圳社工机构本土服务团队的初具规模，深圳社工机构的服务拓展和服务效能的不断提高，香港社福机构功不可没。香港督导为深圳社会工作发展做出的贡献是有目共睹的，去年深圳市相关部门为香港社工督导授予"服务金奖"和"服务银奖"的重大举措则是最有力的证明。

这一年里，我机构的合作伙伴——路德会督导们的工作几近完美，专家们严谨的工作态度，娴熟的专业手法让社工受益无穷。路德会悠久的发展历程，专业的大众形象，良好的社会口碑，为"志远"的对外宣传和品牌拓展又增加了一张新的专业名片。

路德会督导工作上的严谨，让人为之赞叹，而生活上透露出的人文气息，也叫人惊羡不已。社会工作专业理论学习中有一个"内化"的概念，对此，我一直不是十分理解，而通过与路德会督导们多次接触，从他们身上，从他们的言谈举止间散发出的毫不做作、沁人心脾的专业社工气息，让我真正理解了"内化"这一概念。督导们频繁地往来于深圳香港之间，却毫无怨言，从未抱怨，精神让人钦佩，从他们身上，我们学会了对生活要多一点耐心。重大节假日，督导都会用心为社工挑选精美的小礼物，叫人备感温馨，从他们身上，我们学会了待人接物要多一点真心。督导们在与身边的同事交流时，总是给别人留足表达的机会并认真听取意见，态度令人折服，从他们身上，我们学会了任何时候都应该多一点虚心。很多人因为工作，赢得了别人的认可；很多人，因为生活，获取了别人的赞赏。只有太少的一部分人能够保持工作生活步调一致，而香港路德会的督导们，在工作上为我们树立了专业的榜样，在生活上也成为了我们的楷模。

（三）携手社会各界　齐力合奏公益最强音

转眼间与路德会社会服务处合作一年有余了，在合作过程中我受到了不少启发，也有了一些体会。首先，我认为在与香港顾问机构的合作中，应该逐步废除年度合作计划方式，建立按次、按时收费的长期合作机制，摆脱双方合作的时限约束，确保合作的长期性和持续性。其次，我认为在选择合作单位时，有关部门应该赋予深圳社工机构更多的自主选择权，由机构结合自身实际情况、自身发展需求在更广泛的地域内选择机构顾问，进而更好地发掘双方合作的最大效能。同时，为了能够更好的实现"十二五"发展纲要关于未来5年深圳将建立700个社区服务中心的预期目标，我认为两地的合作需要上升到更高的层面，即由政府出面邀请，香港社福机构联合组队成立顾问智囊团，由智囊团来协助主管部门科学制定规划方案，督导实施单位开展具体工作。最后，为了避免深圳社工岗位快速发展所产生的对香港督导越发的依赖，确保深圳社会工作的持续发展，深圳本土督导平台的搭建也显得尤为重要，相关部门可以

香港顾问交流平台为深圳机构举办之社会服务战略性工作坊

整合内地自身资源，充分利用高校专业教师和资深的实务社工，总结几年来在工作中学到的经验，尽早动手，尽快搭建深圳本土专业社工的服务平台，这将对深圳乃至内地社会工作的持续发展意义深远。

而这一切，却需要政府、需要社会、需要我们每个社工的不懈坚持和努力，在公益的音乐盛典上，让我们携起手来，齐力合奏最强音！

有一种约定，叫心灵之约，
与香港社福机构相约，只为更好地践行那份诺言！
有一种陪伴，叫共同成长，
与香港社福机构相伴，只为在公益的路上走得更远！
有一种携手，叫不离不弃，
与香港社福机构携手，只为更好地构建和谐家园！
……

在"志远"社工与香港路德会合作的道路上，发生了好多难忘的故事，留下了诸多美好的记忆，由于篇幅的限制，在这里不能一一述说，但我坚信，这些经历将是我们可持续发展的宝贵财富。对于携手香港社福机构，共创深圳和谐社会而言，"志远"服务值得期待！

四、内地与香港机构在内地社工发展及督导计划之心得分享篇

深港手牵手　社工心连心

卢兆荣
香港路德会社会服务处深圳机构顾问

2010年底，深圳社工机构香港顾问计划推行，香港路德会社会服务处（简称"路德会"）与深圳志远社工服务社（简称"志远"）结成顾问合作机构，将香港优良的机构管理和运作机制引入到深圳，推动深圳社工发展。我有幸作为路德会的顾问代表参与其中，为深圳"志远"提供了为期1年的顾问服务。由于之前亦是"志远"机构的督导，我对"志远"情况比较熟悉。因此，这一年的顾问工作进展顺利。在顾问工作的1年里，我很欣喜地看到"志远"机构以及深圳社工们对专业的执着追求，让我时常被感动。2011年底，我写了一篇《深圳社工和谐花园图》的文章，正是基于我对顾问工作的所感所悟所思。在文章的最后，我为深圳社工勾勒了这样一个和谐花园图，亦是我对深圳社工的期许，"清心做社工，留香为他人"。

（一）放弃身价几十万　投身公益创业

对于"志远"机构总干事张会杰先生来说，投身社工是他人生的另外一种追求。曾在大学任教的他，在内地经济体系市场化改革过程下，激流勇进，下海来到了南国深圳，投身于最赚钱的行业之一——房地产业。这样的工作让他不仅衣食无忧，更在经济条件方面达到了人生的高峰。

在偶然的机会下，张先生接触和了解了社工行业，他又义无反顾，辞去了可以给他带来丰厚经济利益的工作，投身到时刻面临断炊，甚至需要贴钱的公益行业。在公益创业的两年里，他慢慢从一名商业达人转变成一名公益达人，从对社会服务工作的认知不足，到慢慢地内化社工专业价值，正是基于其对公益事业、对社工事业的追求。

正如"志远"的机构价值"践行心灵之约"所揭示的那样，张总干事用实际行动践行着他对公益事业的承诺，作为香港顾问，我一刻钟也不停歇地为了协助张总干事的公益创业目标的实现，贡献着自己最大的支持和鼓励。

（二）追求梦想　他们背井离乡

深圳是一个巨大的移民城市，超过 80% 的人都是外来人口，社工同样也不例外。在"志远"顾问的 1 年中，我也同样见证了"志远"一线社工们为了追寻社工的梦想，有不惜从千里之外的东北赶过来的。在父辈们看来，他们也许还只是一群没长大的孩子，刚脱去大学生稚嫩的外衣，走进五彩斑斓的社会。而在深圳，他们确实是一群充满爱心和能力的专业社工——哪里有困难，哪里就有社工的身影；哪里有需求，哪里就能看到社工的笑容。我时常会和他们一同走社区，做活动，开小组，讨论个案等。在这个过程中，我时常发觉自己也像他们一样，以热情与青春的心态，从事着富有活力的社会工作专业。

前路漫漫，我矢志扮演他们坚强的后盾和巨大的支持，无论是在专业上还是在情绪上。

（三）顾问工作

顾问工作 1 年来，透过香港路德会社会服务处机构顾问与深圳志远社工服务社的合作，"志远"在机构使命、定位、组织架构、管理、人才选拔、服务管理上均有很大的改进。同时"志远"亦积极参与并配合顾问的工作，为顾问工作提供合适办公场地和设备，还主动开展深圳、广州及香港的交流，参加路德会及顾问服务平台交流会议，支持督导顾问培训中层管理人员、培养督导人才、督导一线社工及项目发展等。而从更宏观的层面，两机构高层的接触和沟通，也让顾问工作开展得更有效率，更有成效。香港督导顾问带给深圳社工机构专业形象和信念，而深圳社工机构也让我们在这个过程中重新学习，了解中国内地的社会工作发展，形成了路德会陈圣光总裁所述之"互传金宝"的合作关系。

（四）携手共创社工春天

从 2003 年上海开始社工试点，到 2007 年深圳开始社工试点，再到 2011 年 18 部委联合发文推动社工发展，内地社工已经度过冬天，迎来了发展的黄金时期。张总干事在《牵手路德会，共创和谐深圳》一文中，说道，凭借毗邻香港的优势，借力香港路德会的专业精神和成熟的发展模式，"志远"在公益的道路上将不惧风雨,更"感觉'志远'有了无限的力量"。顾问机构模式,正是这种效果得以产生的最重要因素。社工发展,除了需要政府的大力推动外,还需要以老带嫩的合作手法,而有香港及内地有经验的机构共同推动,我们才可以更早步入社工发展的春天。在这个过程当中,虽然目前尚有诸多细节上不完善的地方,但当我们的目标和前行的方向一致时,深圳乃至内地的社工事业,必然取得迅速、可持续的发展。

深港手牵手,社工心连心,让我们携手并进,共同迎接社工之春吧。

机构顾问服务经验分享

深圳市龙岗区彩虹社会工作服务中心
香港顾问机构:香港国际社会服务社

深圳社工自2007年正式启动以来,如雨后春笋般在鹏城发展壮大,而作为社工成长的主要平台——社工机构在发展过程中不免会遇到许多困难和疑惑,亟需经验和技术支持。在这个背景下,深圳市委市政府大力支持,引进香港顾问平台,我们深圳市龙岗区彩虹社会工作服务中心(简称"彩虹")有幸获得"香港机构顾问平台"的顾问服务。"彩虹"机构顾问是来自香港国际社会服务社的资深督导、原香港善导会总干事彭盛福先生,彭盛福先生于2010年12月正式开始担任我机构的顾问。顾问工作启动以来,彭顾问很快便针对机构需求展开顾问服务。

(一)明确发展定位 确定发展战略

"彩虹"机构成立于2007年,在4年的成长过程中秉承"专业、勤力、敢想、敢为"的机构理念,不断拓展服务领域,服务区域覆盖深圳市5个区。在即将迎来第五个年份之际,如何发展便成为机构面临的重要抉择之一。

在顾问与机构管理人员多次顾问工作谈话,共同探讨机构成立以来的服务情况之后,顾问建议机构管理层检视机构成立以来之理念、愿景、使命及核心价值等影响机构文化、机构服务素质与服务运作的重要因素,加强机构未来发展方向及在内地服务方面之定位。机构根据顾问工作内容,对机构理念、愿景、使命及核心价值等影响机构文化的主要因素进行了梳理,进一步细化了机构年度计划。

在顾问带领机构管理层参与"社会服务机构战略性策划"讲座后,机构举行了"机构战略规划研讨会",出席人员包括顾问、机构主任(总干事)、副主任、各部门主管、见习督导、督导助理、小组长及行政人员等共18人。会议检讨了机构2010年深圳市社工机构评估结果及机构现存问题,共同制订了机构未来3年发展的相关指标,进一步确定了机构未来3年的发展战略。

（二）理清管理架构　提升管理能力

"彩虹"社工在 2008 年仅有 10 名社工，到 2009 年发展至 38 名，而 2010 年更达到 70 名，机构的快速发展给机构管理带来了越来越大的压力。机构顾问在 2011 年机构发展关键年的到来，相当于给管理层吃了一颗定心丸，保证了机构的稳定发展。

顾问在与机构管理层详细分析了机构管理架构之后，以香港一个优良的非政府社会福利服务机构的有效管治为例，深入讨论了达致一个优良之非政府社会福利机构的运作模式及所应注意的事项，建议增设了主任助理、人事行政部部长，进一步理清了机构管理层架构，同时协助完善了机构各部门及岗位职能，从而有利于发挥各管理人员的职能。顾问还积极鼓励及安排高层管理人员参与社会服务发展研究中心（"社研"）深圳机构顾问平台举办的"社会服务机构战略性策划""机构主管的五大挑战与优化管理"等培训讲座，以从理论和实践两方面提升机构管理能力。

（三）促进对外交流　整合社会资源

在顾问工作的一年中，顾问先后出席了龙岗区民政局领导到访座谈会、宝安区"健康快车"启动仪式、郑州市金水区民政系统到访交流座谈会等活动，积极向来访者分享香港及在内地的督导、顾问工作之经验与心得，传递社会工作知识、宣传社工机构。同时顾问还组织并带领机构主要管理人员赴港到国际社会服务社、香港复康会、仁爱堂、协康会、"社研"等机构参观考察，并与各机构负责人进行交流会谈，进一步拓宽了机构管理人员的视野，加强了对外交流与合作。

顾问还主动引进各项资源服务于机构及一线社工，例如邀请香港明爱乐协会 30 多名社工与本机构社工交流、安排香港资深专家学者（包括城市大学社会工作学系高级讲师及香港特区政府社会福利署感化服务部门主管）到机构开展培训，联系国际狮子总会中国港澳三〇三区青年拓展及禁毒警觉委员会赞助机构的"禁毒鬼屋"项目等。

顾问工作对促进我机构的对外交流、整合社会资源能力的发展等，发挥了举足轻重的作用。

（四）心系一线社工　打造实力品牌

顾问不仅关心机构发展大局，对机构一线社工也是关心入微，当社工有困难求助于他时，顾问会在百忙中抽空给予解答。例如在处理"两个机构同领域社工同时跟进案主"一事时，顾问在坚持专业原则的情况下积极斡旋，圆满解决了该事件。对"健康快车"美沙酮维持治疗计划项目给予了重要建议和指导，促使该项目在得到福彩基金资助下顺利启动。还有许多同工在遇到困惑时也会找他，顾问总是耐心地倾听社工的心声，融释社工心中的疑惑。

在顾问过程中顾问曾提到"机构成立三年以来取得一定成就，现时乃适当时机向外界作出更多服务推广及宣传，使更多社会大众认识机构服务，从而乐于使用机构服务，并作出支持"的思路。故机构在文章发表、形象设计、品牌宣传等方面开始有计划有步骤地落实，从而在机构品牌建设方面初崭头角。

在 2011 年顾问期内，顾问共对我们机构开展顾问服务 39 次，累计顾问时间达 230 个小时以上。顾问的付出推动了深圳市龙岗区彩虹社会工作服务中心的不断发展与进步，机构从 2010 年度深圳市社工服务机构评估第八名进步到 2011 年度深圳市社工服务机构评估第四名，员工由原来的 70 名发展到如今的 120 多名。在此期间机构的服务领域不断拓宽，社工的专业能力也不断提升。

我们机构有幸得到"香港机构顾问平台"服务的支持，有幸得到香港国际社会服务社及顾问不遗余力的保驾护航，这些都彻底体现了深港两地及两机构间的友好关系。我们深信，他们的顾问工作必将有力地促进内地社会工作的发展。最后，我再次感谢"香港机构顾问平台"、香港国际社会服务社的大力支持，感谢顾问的辛勤付出。

深圳社工机构人才队伍的建设与成长

——内地社工服务的发展与丰盛

彭盛福

香港国际社会服务社深圳机构顾问

（一）引言

时间过得飞快，本人有幸应社会服务发展研究中心（以下称"社研"）邀请参加"社研"内地社工督导计划以来，不经觉间已经历多个寒暑。在这逾千个日子当中，我每月均会往返深港两地多次，此外更会前往广州及番禺区从事督导或顾问工作，或参与协调及统筹督导事务，这的确是对个人在体力及意志上的一种高度考验与磨练。我想"社研"辖下近百名的督导群中的每一位督导，皆会有相类似的感觉。惟无论怎样，我仍然是庆幸正当自己在香港从事超逾三十年的社工生涯退下时，能有机会参与"社研"此一饶富意义，协助国家建设专业社工人才队伍此一庞大社会工程，献出哪怕是如何微薄的一己力量。

回想 2009 年 7 月一个仲夏的清晨，我带着轻快、愉悦的步伐，怀着好奇、探索的心情，来到深圳市宝安区沙井街道彩虹社会工作服务中心工作站（以下称"彩虹"），督导一群禁毒社工（包括在宝安区沙井街道之 10 名及其后在龙岗区龙城街道之 4 名社工）开始，一个奇妙的"学习旅程"于此展开。我在此强调以"学习"而非"督导"一词来形容此段经历，是因为我认为除了有机会将我过去三十余年的社会工作知识与经验，与内地一班年青、活跃的社工分享并作出相关指导外，我其实亦在此段珍贵难忘的岁月，在督导过程及连串"社研"为我们香港督导所安排的有关国情培训班中，得以认识、了解及体会众多国家及内地社会景象与实况，这可说是我个人在知识领域上，一项以往未曾想及的重大收获。

为使过去多年自己在内地，特别在担任深圳市龙岗区彩虹社会工作服务中心的督导及顾问工作的经历与体会，能与"社研"众同工、内地众同道及广大关心国家专业社工人才队伍的建设与培训,以至社工服务的建立与发展的社会大众及知音人士分享,本人谨列述其中感受,一则希望能得到业内人士回响指正,二则为自己生活留记留痕。

(二) 机构堪值保持并作加强之处

(1) 年青社工的求知好学与热诚投入的工作态度。看到我所督导的一班年青社工是这么的阳光朝气、活跃澎湃地将自己的精力用于工作及学习上,我是深被他们的举动所吸引,由此益增我有一强烈信念,就是尽管他们目前在社会工作专业知识上的认识及掌握还不是很深,有待磨练,但我是十分相信他们必会在一段时间内在专业知识上及工作实务上得到成长。事实上每当我完成当天督导工作,预备离开工作地点时,社工们所表现出的那股争相陪伴我前往车站乘车返港的热切态度,亦即他们争取在途中的每一机会与我交谈分享,以作为一种额外的"非正式督导"(Informal Supervision)的自我求知的向学精神与行为,使我深受感动。

(2) 机构"敢想、敢为"的创新理念与文化。从我接触及认识"彩虹"机构开始,他们的那种重视创新理念与文化,就使我相信机构在未来会在服务上得到更多及更大的发展机会与空间。盖我十分认同一个主动、敢想、敢为的个人或团体,其必会尝试开发更多资源及寻找更多支持力量,以达成其目标与理想。这证诸"彩虹"机构在过去多年曾作出多番尝试,其中当然容或有失败的经历,但同样有更多的成功例子:从在2009年我初往机构督导时,其员工人数已由70余人,增加至今天的180余人;服务地域之从龙岗区的龙城街道开始,发展至宝安区的沙井街道,之后更伸延至坪山新区、西乡街道等,并且更冲出深圳,而在广东惠州及河南郑州等地均已有机构的服务足迹,这可归因于机构之能勇于尝试,并且具有失败后重来的信念所导致。

(3) 领导人的开放及唯才是用的作风与态度。一直以来"彩虹"机构给我的印象是职员上下能打成一片,关系融洽。这主要原因是"彩虹"机构领导人,特别是其总干事张会营相对年青而拥开放思维、乐于与职员亲近及唯才是用的作风与态度,凡此乃机构在过去数年中于服务改善及完备上能有所表现的重要因素。

(4) 重视员工在专业知识上的发展与成长。在过去数年间,从我最先担任"彩虹"机构的督导至今的顾问工作以来,我目睹了"彩虹"机构非常热衷鼓励或安排员工参与丰富其专业知识活动的情况,包括组织整体或个别领域的培训；安排员工前往香港与有关服务机构参观交流；鼓励及支持员工参与工余进修或在职修读多项由香港与内地著名大学合办之社会工作课程等。

（5）尊重及充分利用香港督导及顾问的专业知识与力量。在参与"彩虹"机构无论是最初之督导一线社工工作，或其后担任机构顾问以至目前承担机构社区服务中心的顾问工作的过程中，我感到非常欣快及有意义，其中原因，是我一直能感受机构对香港督导及顾问的那份尊重及诚挚态度，特别是对本人作为机构督导或顾问的那份信任与委托，尤其是他们坚信顾问会带领机构团队在专业服务上取得进步，从而最终使更多服务使用者及其家庭受惠。

（6）与区内机构保持友善、和睦与合作的良好关系。由于"彩虹"机构领导人的友善及诚恳作风与态度，活跃开放的思维方式，其一直以来均能与区内有关机构保持良好关系，此对机构的形象建立、服务推广以致品牌打造，均有裨益。

（三）机构有待改善及强化之地方

目睹"彩虹"机构在短短数年间，有如许顺畅与亮丽的发展与成长，我作为机构之顾问，当然感到荣耀与欣快。惟我认为机构服务今后能否持续壮大，奋勇向前，端赖机构能否排除如下藩障窒碍而作出新跨越、新突破。

（1）提升社工之专业元素。尽管"彩虹"机构过去在此方面已作出巨大努力，但我认为仍须加大力度，包括致力提升社工本科毕业的职员人数与比率，增加香港及内地本土社工督导资源；鼓励员工参与境内外之参观与交流活动等。

（2）缩短员工间在地域与工作沟通上之距离。由于"彩虹"机构服务在可预见之将来，会不断向前拓展，其服务所覆盖之地域会愈趋扩大，从而使本来已经因地域阻隔而导致短缺之员工见面与交流之机会更形减少，这对员工彼此间之沟通联系、精诚合作、互励互勉，当有不利影响。因此，机构应在此方面努力思考而作出相应改善。

（四）结语

随着国家近年致力促进社会稳定和谐而使民众生活更趋美满之决心，我们相信国家必会在未来数年间投放更多资源，以建立宏大及优质的社会工作人才队伍，从而推行专业及便民、利民之社会服务工作。作为香港资深社会工作从业人员的一分子，我们当然是乐于在此历史及关键时刻，积极响应国家之需求而献出一己力量。我们深知为国家构建庞大之社工人才队伍此一目标，其前路是漫长的，其工作是艰巨的，但我们相信，我们的心若在，梦就在，希望便在！愿我们国家康乐富强，愿我们民众生活幸福美满！

深圳市宝安区尚德社会工作服务社的合作与成长

深圳市宝安区尚德社会工作服务社
香港顾问机构：香港基督少年军

在深圳的社会工作发展之初，香港社工行业发展的经验及NGOs管理经验起了非常大的作用。作为一家刚起步不久的机构，我们亦深信，深港合作能促进机构的进一步发展及共同解决深圳机构发展过程中所遇到之问题。2011年，在深圳市社会工作协会的大力支持与帮助下，深圳市宝安区尚德社会工作服务社（以下称"尚德"）顺利与香港基督少年军达成合作协议，由其担任"尚德"机构的顾问，在此过程中，两家机构之间合作无间，在促进机构的完善和发展过程中起了一定的作用。

（一）机构的发展方向基本确定

在深圳社会工作发展的过程中，深圳的社工机构逐步摸索出属于自己的发展道路，"尚德"亦是如此。在发展之初，机构借鉴香港的先进发展经验，为机构订立了初步的发展方向。随着社工的深入发展及社会的接纳度渐增，我们也在机构的发展方向上有了新的思考。

经过顾问机构的深入调研及与本机构的沟通，双方共同剖析了本机构的实际情况。针对实际情况，结合深港两地的差异之处和机构的发展特点，顾问机构确定了本机构的发展方向。深圳的城市特点与"尚德"的发展特点，要求我们需要在一定的区域内发展相关的业务。因此，在顾问机构的建议下，我们将机构的发展方向确定了以社区服务中心为依托，着力发展教育、社区、司法领域的专业服务，以"尚德"的品牌服务为目标，用心做好专业服务，从而保证机构的长久健康发展。

（二）建立与机构发展匹配之管理体系

社工机构在做好服务的同时，管理更为重要。良好的管理体系方能推动机构的自主化运作，降低人力管理成本，达到最优效果。自2009年建立以来，"尚德"偏向于运用传统的管理模式，即以总干事为统筹，下设分管理角色的模式，该管理模式的优点在于管理责任到人，效果落实明显。但这一模式亦有较为明显的弱点，即管理人员所需管理的层面广，工作强度非常大，从而增加了管理人员的工作压力。2011年深圳的相关服务招标结束后，机构规模有了较大的发展。因此，传统管理模式的弱点更为突出，逐渐形成了管理未能跟上发展步伐的状况。在此情况下，顾问机构协助机构逐步探索出适应机构发展的自我管理模式。

首先，发掘机构社工自我管理能力的理念与模式。在机构的结构逐渐形成层级式特点的时候，社工的自我管理便显得尤为重要，亦是减低机构管理压力的重要方面。发挥机构社工自我管理作用的理念，在理念明确的前提下，重点在于推动行政及专业工作的配套。在顾问机构的协助下，本机构进一步完善了行政管理表格及专业表格，以推动社工自我管理。试行后，机构的各项管理压力明显降低，同时也促进了机构社工自我管理能力的提升。其次，重整机构的组织架构，提高管理效率。顾问机构根据机构的发展需求重点与机构管理层探讨了机构的组织架构调整问题。机构原来着重于"大行政"的管理概念，即简化组织架构，由较少的管理人员跨领域管理社工。但随着本机构规模扩大，这种管理理念便不适合了。商议后，我们着重从行政、专业、社区服务、项目等方面展开区分管理改革，取得了较好的管理效果。

（三）社工团队的发展建设

社工是一个新兴的行业，深圳的发展走在全国的前端，这吸引了全国各地的社工人才聚集到机构一同发展。机构的社工来自五湖四海，从而使各地的文化汇聚一起。因此，建立机构文化以增强机构的团队凝聚力便显得非常重要。在顾问机构的帮助下，本机构曾组织全体社工前往香港开展团队建设活动。除了常规的团队信任建设外，每位同工发挥自身在团队的积极作用，而使"尚德"的团队逐渐建立起来，这显然是顾问机构对团队建设活动精心策划的结果。除了专门的团队建设活动外，顾问机构还会配合机构在日常工作中渗透"大家一同发展机构"的概念。由于管理人员、督导助理、小组长主动统筹相关工作，由此就大大减轻了机构管理层的管理压力，从而达到了最优效果。

团队核心力量的建立有利于团队整体的发展，因而顾问机构提出了较为全面的管理建议，如邀请相关核心团队人员参与机构管理层会议，鼓励其提出有利于机构管理的意见及建议,使其以一定的管理身份参与管理工作。此外还专门组织相关的退修营,在轻松愉悦的氛围中鼓励团队的核心人员表达其对机构的想法以拓宽其管理思维,发展其管理能力。这一系列措施在提升团队管理质素的同时,更逐步培育出了自己的凝聚力量。

(四) 资源运用及调动

作为一家刚起步不久的社工机构,"尚德"在前期的探索阶段有多方面因素的介入,而较为薄弱的管理能力导致机构在资源运用及维护方面较为薄弱。通过顾问机构的介入,"尚德"充分调动了香港方面的资源。针对管理层方面,不定期的顾问平台培训、讲座、工作坊等的交流使机构的核心管理层人员能拓宽自身的管理能力,同时运用于机构的实际管理中。另外,在机构的管理人员培养中积极引入香港督导的资源支持,包括面试、会议商讨等。针对社工,我们还在顾问机构的帮助下,全面开展机构的相关培训工作,内容涵盖社工价值、工作方法、团队建设等方面,从而全面地完善了机构的培训架构及内容,取得了较好的效果。

同时,在与香港督导沟通方面,我们在顾问机构的安排下,保证了每两个月一次的机构香港督导会议,在收集香港督导对机构的意见同时,得到了香港督导的大力支持,并在此层面建立了"大家一同发展机构"的理念,使大家认同机构文化,从而愿意与机构合作发展。

在此,我们衷心感谢香港基督少年军在过去一年里对尚德社会工作服务社的全力支持,使我们在管理水平及团队建设方面取得了长足的进步。同时我们更期待深港两地社福界能长久合作,促进本机构甚至深圳社工行业的进一步发展。

共同孕育的成果

何仕泉
香港基督少年军社会服务工作主任、深圳机构顾问

（一）相识　相知

香港基督少年军（简称"少年军"）自 2008 年开始参与由香港社会服务研究中心开展的"深社计划"。随着深圳社工对香港督导需要不断加增，敝机构亦陆续派遣多位资深社工到深圳不同的机构督导当地社工。2010 年更应深圳市宝安区尚德社会工作服务社（以下称"尚德"）的邀请，成为其机构顾问。以此为始，双方开创了两间机构深入交往机缘，从而得以在相互信任的前提下，慢慢摸索并一同实践"尚德"在深圳宝安区独特的发展路向。

（二）相互信任　适切把脉

在合作初期，机构顾问与"尚德"作了深入的沟通，并因应机构内在情况作了"强弱机危"的分析，同时与主管一同确定了机构体系化建设的以下发展策略。

（1）整合服务，调整发展方向——因应领域及地区的特性将服务重新整合，并专注打好同工实务专业的根基，从而提升本身社会服务质素，在整理社区工作经验，做好"实事"的前提下，再拓展服务。

（2）重整和理顺行政架构——把一线社工提升至中层管理人员，让有表现及有能力的同工有更多发展及成长，在让同工有更多机会参与机构运作之余，机构亦有足够管理人员管理日渐增多的社会服务。

（3）建立平台维系顾问——联系香港督导及高质素培训师，集合他们的力量共同商讨机构的发展方向以及举办促进社工专业成长的培训。

（4）规划培训，促进专业交流——举办各类培训以提升同工的专业能力，鼓励社工把其工作经验撰写成文章，并用交流、投稿或结集成书的方式与其他社工分享，提升社工的成就感。

(5) 凝聚团队气氛，令社工投入工作——透过各类的团康活动、退修会、内部及出外培训等活动增加社工的团队精神及对机构的归属感，让社工一同建立起"尚德"文化，亦让"尚德"文化氛围凝聚着社工。

（三）勇于求进　共同创建

就以上的发展方向，机构顾问在提供项目督导服务的同时，亦按机构的步伐作出实质性的支持。

除了提供了多次全体员工专业培训之外，机构顾问亦协助"尚德"联络香港的督导，共同商讨以发掘机构的发展需要、订立督导及培训方向、落实每月的计划。另外，为提升机构行政效率及员工对工作的投入程度，机构顾问培养资深社工成为机构中层管理人员，鼓励他们优化各类服务及促进机构发展。为了令机构运作更顺畅，机构顾问以"香港服务质素标准"（SQS）行政措施作为"尚德"行政程序的参照蓝本，让同工更清楚及明确地执行各项行政程序。

为着促进员工的专业发展，在香港督导及机构顾问的支持下，同工亦藉参与培训、实践及撰写文章等方法，增强自己在各领域的专业能力、提升其成就感及促进社工在深圳的发展。

随着同工的投入感增加，同工的互动及合作渐渐频繁，意见与分歧亦会自然呈现，故同工间的沟通、协调及团队精神的建立就变得尤其重要。因此，除了增加机构内部交流与同工参与程度外，机构顾问亦安排全体"尚德"社工到香港基督少年军在香港马湾挪亚方舟的臻训中心，以高空绳网及各类历奇活动作两日一夜的培训。其间，同工的团队意识已大大提升，"大家一同发展机构"的理念——全体同工互相体谅、互相支持、同心参与建设"尚德"这共同意识已在同工的心中孕育起来。

另外，为增加他们对义工运作的认识，我们邀请他们参与本机构在香港举行的5000多名少年军大会操及动员8000多人的卖旗筹款活动。其间他们整天跟我们的工作人员及义工一同协作，这一过程，亦增强了他们对组织义工的认识与工作信心。

（四）共同孕育的成果

一年的交流与合作，与其说是我们教导他们，倒不如说是"尚德"社工开放的态度及对我们的信任，让我们可以与他们携手绘制了一个属于他们的发展蓝图。此外，只有他们积极学习、勇于求进的精神，才能孕育出今天丰盛的成果。

　　在相处过程中，笔者最欣赏的就是"尚德"黄主任对同工的承担及关顾。犹记得一个在香港举行的全体同工晚会中，她分享时面上所流下的泪水，足以反映出她对同工真挚的关爱，"尚德之情"亦油然而生。或许正是这份情，令社工在繁重的工作中仍十分珍惜同工之间的团队精神，并努力地维系着这种精神。因而，无论在工作中遇到什么样的打击，"尚德"的社工仍能保持着对人群关爱的心，用心地服务。

　　笔者亦相信，要社工持"以人为本"的态度对待服务对象，机构也先要持"以人为本"的态度对待社工。

　　现时机构的流失率低，凝聚力大，确定是机构发展的强大动力。而近期深圳机构评估结果中"尚德"能进入三甲之内，相信对同工的努力与坚持也是一份肯定。在此，笔者代表香港基督少年军祝愿"尚德"社工能继往开来，延续其团队关爱社群的精神，并在服务中尽情发挥这种精神，让服务对象能享有更优质的服务。祝愿"尚德"社会工作服务社在深圳社会工作发展当中能与不同的机构协力，共同燃亮社工的光芒。

于组织管理中强化公益的力量
——记深圳"正阳策略计划"历程

杨 成

深圳市龙岗区正阳社工服务中心总干事

黄 媛

深圳市龙岗区正阳社工服务中心项目部部长

香港顾问机构：香港仁爱堂

（一）"正阳策略计划"的背景

每一项新事物的发展总是应运而生，并要担负着时代赋予它的独特使命的。在经济高速发展之后，越来越多的老百姓发现，幸福感与人民币或许并无必然关系，而是否能在同一个国度里公平地享有社会发展的成果并有尊严地活着，显然更为重要。同时，政府也迫切地希望能恢复重建民众信任减轻执政压力。于是，着眼于人的社会服务工作开始在全国，尤其是在深圳日益发展壮大。而实际上，在社会服务工作高速发展且看似繁荣的背后，每一家社会服务机构都面临着种种危机与挑战。不仅成立时间较晚、规模较小的社工机构面临越来越激烈的竞争形势带来的生存压力，即使处于发展阶段的社工机构也会因只能被动地回应社会环境的变化而陷入管理困境。

2011年初，深圳市龙岗区正阳社工服务中心（以下称"正阳"）的社工队伍壮大到100多人，但却因部分中层管理人员离职，使机构陷入新的发展困境。同时，随着机构的不断壮大，深圳"正阳"管理团队越来越深切地意识到，社会工作专业形象的建立以及社工机构可持续发展的决定性因素，都不约而同地指向了服务。而在现实的社会服务管理工作中，管理团队发现，现有的管理制度已不能全面适应服务的发展，而且由于整个团队缺乏工作方向与向心力，其服务热情很难调动起来，在分析未来的行业发展形势之后，管理团队意识到了机构自身的生存危机以及建立社工专业形象的必需性和迫切性，而转变的核心，即是订立并推行能够促进机构服务发展的共同理念，明晰并确定机构存在的目的、发展目标与方向以及共同认可的价值观。而如何结合社会及行业发展环境，从机构的实际发展情况出发订立这个共同理念，再将这个抽象的共同理念具体化到服务中去，是一个非常严谨、专业的过程。香港仁爱堂（以下称"仁爱堂"）顾问服务的引进，为这个过程提供了强大的技术支持，是这个转变得以发生的基本条件之一。

（二）"正阳策略计划"的历程

深圳"正阳"于2011年6月正式成立策略计划事功小组。为保证服务团队的参与性，事功小组成员不仅包括了机构高、中层管理者（理事长、总干事、各部门负责人），督导助理代表，而且还吸纳了一定数量的一线社工代表。同时，在机构顾问的帮助下，事功小组制订了整个策略计划工作的日程表，计划从2011年6月开始，持续至2012年3月，而实际工作因受现实情况影响而有所延长。具体而言，大致可被划分为如下几个步骤。

第一步：厘清机构的现况与境遇，在此基础上设定机构的理想状况——重检并制订机构使命、愿景及价值观（MVV）

在策略计划工作开始之前，管理团队已认识到机构现有的MVV缺乏科学的制订依据，完全由理事会决定，脱离了服务团队，根本不能形成有效的向心力以推动机构服务发展。因此，此次MVV制订必须从头开始。为全面了解服务使用者的需求，客观评估机构现有的服务水平，以制订切实可行的发展目标，策略计划事功小组进行了大量的持分者需求评估访谈，还到深圳、广州、香港三地的优秀社会服务机构学习和借鉴经验。最后，事功小组一共收集到12份持分者焦点小组报告及访谈报告，这些持分者包括香港机构督导、督导助理、岗位社工、项目社工、其他支持同事、各类领域服务对象以及各用人单位。通过对这些报告的逐个分析，事功小组努力找出持分者的真正需要以及机构的现时表现和现有能力，并透过综合这些分析，最终确立了机构的MVV。所制订的MVV具体为：

（1）使命——公益为民，帮困匡弱，激能自助，共建和谐。释义为为人民增进福祉、增进公众利益；帮助有困难的人、辅助弱势社群改善当前所处的境况；激发和提升他们自身潜藏的能力，以期达到自助助人的目标；最终协同社区中的个人、组织、社群共同建设和谐社会。

四、内地与香港机构在内地社工发展及督导计划之心得分享篇

（2）愿景——拥有高素质的社工专业团队，打造卓越的品牌服务，成为内地业界的典范。

（3）价值观——奉献、诚实正直、勇气、团队精神及公开、公平、公正（对内）；尊重包容、自主参与、发挥潜能、社会公义和社会责任、市民社会与共同合作（对外）。

值得一提的是，从持分者需求分析到MVV制订的过程并不容易，对于当时的事功小组成员而言，简直就是一场痛苦的折磨。整个过程等于一次彻底的脑力激荡对话，从分析归纳到报告、讨论都需要参与者全心投入，尽情参与，每一个字眼都需要仔细斟酌、反复讨论，因为这些结果将意味着机构未来的发展方向。持分者需求评估及分析过程持续了两个多月。不得不说的是，为保证每一项工作都富有成效，整个过程对带领者的能力都提出了极高的要求。

第二步：找出机构的强弱以及影响发展的内外部机会与障碍，明确我们将如何迈向设定的理想状况——制订机构发展的策略方向

MVV虽然已经制订出来，但它毕竟是抽象层面上的人文理念，只有建立起它与实际工作的联系，才能为我们提供方向上的指引。这个方向，就是指我们如何迈向设定的理想状况，且必须是服务团队都认同，并愿意为之奋斗的目标。为此，事功小组进一步扩大了成员规模，开始进行退修活动。在退修活动中，全部参与人员被分为了3个小组进行持分者需求评估报告分析、服务借鉴报告分析、政经社科分析以及机构"强、弱、机、危"分析，然后再综合分析结果，结合MVV，最后方确定机构发展的策略。

（1）机构管理——建立能够推动服务发展的规范化管理体系。

（2）服务发展——在岗位服务的基础上结合社区中心及能拓宽资源来源的项目，实现服务互补，以寻求持续的服务发展。

（3）社工专业发展——打造出一支能够配合机构服务发展需要的专业社工团队，重点提升其服务研发及服务管理能力。

（4）公益理念——营造公益为先的机构文化，推动"社工＋义工"的服务模式，服务弱势社群。

由于参与退修活动的人员更多，且绝大部分是第一次接触到一些相关概念，所以这一步的工作可能会更加艰难，需要参与人员以开放的心态，更多地从机构整体去考虑问题，也更需要带领者有丰富的工作经验以及敏锐的洞察能力，只有找出不同意见的结合点，求同存异，才能真正制订出团队都认可的发展策略，否则，退修活动只能陷入毫无意义的辩论甚至争吵之中。

第三步：在发展策略的指引下，为了达至愿景，我们具体要做什么——制订中长期发展规划及年度工作计划

发展策略确定后，要想让其落实到具体行动中去，显然需要进一步将其具体化。在事功小组对发展策略的每一项内容进行了逐字逐句分析之后，最终明确了我们要做什么、要做到什么程度。例如，在机构管理方面，我们要"建立能够推动服务发展的规范化管理体系"，"建立"指根据服务发展需要，实现管理体系从无到有；"健全"指完善、优化已经建立的管理体系；"推动服务发展"指以管理体系配合服务并不断优化以促进服务发展；"规范化"是对重复性的运作步骤和操作要求，即通过制订、发布和实施标准（规则、流程、指引等）使其达致统一，以获得最佳状态机构运作和服务效益；"管理体系"包括行政（会议管理、公共关系、后勤事务）、服务、财务、人力资本和其他管理制度安排，并使各制度保持互补与一致，以形成高效益的体系。有基于此，我们就能得到有关策略更加明确的理解，从而发展相应的具体工作建议，如提高管理人员的管理知识与技能水平以提升管理者的执行力，在机构不同的服务领域里面建立高效益的工作团队，建立健全员工激励机制、培训计划以及能够保留和吸引人才的人力资本管理制度。根据这样的分析路径，完成每一项发展策略的具体化后，就形成了机构的中长期（3—5年）发展规划。对中长期规划在时间上进行分解，加上分工安排，那就形成了更加具体的年度工作计划。将其与相应的监控制度与评估机制配合，从MVV发展策略再到具体工作计划之间就建立起了逻辑上的关联，惟其如此才能真正形成团队的向心力，从而促进服务的有效发展。

（三）策略计划的主要成效

目前，深圳"正阳"的各项工作正按照具体工作计划有序开展，参与其中的每位成员都面临着更大的压力与挑战，需要投入更多的精力与时间。但在忙碌的同时，也享受着其中的快乐，因为此前从来没有像现在这般让我们感受到自己是在与机构共同成长。

策略计划的历程不仅建立了机构与员工共同发展的目标与方向，而且随着工作的推进，还开始形成着共同的机构文化。总之，通过MVV的制订与推行，"正阳"不仅再一次强化了"公益为先"的理念，而且还努力建立起了相关的行政管理、服务管理体系，以真正践行"公益为民，帮困匡弱，激能自助，共建和谐"的服务使命，而其中机构管理层的坚持、努力与诚意，则更

获得了越来越多的同事的认同，由此而使得机构上下在服务理念上开始拥有了一致的表达。在此前提下，员工对机构的归属感得以增强，整个机构在行业内的形象也得到了显著改善。一些离职的员工开始陆续返回机构工作，同时也吸引了很多优秀人才的加入。以前员工对机构的诸多抱怨、不满以及不理解，如质疑，也随着策略计划的推行而明显改善。

策略计划的过程，更是对机构核心人才，尤其是对中高层管理者结合实际工作所开展的一次管理培训。在推行策略计划初期，"正阳"的中层管理者正面临巨大的变动，而且此前对策略计划一无所知。为保证整个工作过程顺利进行，顾问区伟祥先生不得不花大量的时间与精力将与策略计划相关的理论知识培训融入到工作实践中去。虽然这一过程比较辛苦，但这种学习与实践高度结合的方式显然达到了理想的效果，对中高层管理人员则更甚。其结果是，一方面，在工作的视角上帮助"正阳"的中高层管理者从日常的繁杂事务中真正解脱出来，开始以系统的角度去看待机构的服务、行政、人力、财务等之间的联系，以更高更远的视野明晰在未来3—5年里最重要的发展问题；另一方面，策略计划是一个选择工作方法来有效实现工作目标的工具与框架，也是启发管理者在今后的工作中如何更好地引入员工参与，将抽象的理念落实到具体工作中去的工作手法。

策略计划的推进使得机构开始化被动为主动，以便做自己想要做的事情，从而改变了过去混乱、被动而缺少成效的工作思路及工作方式。策略计划制订后，"正阳"的各个工作部门便开始根据年度工作安排"自上而下"地制订具体工作计划，虽然这一过程仍有需要改善的地方，但其已在很大程度上改变了过去无体系、无章法，一味回应环境变化的被动状态，其工作效率与团队的效能感均得到了很大的提升。

（四）结语

必须指出的是，策略计划的每一项工作都不是一个单独的任务，而是相互关联、相互影响的。比如管理方面的工作计划一定会影响相应的服务发展计划，如果其中的一项没有完成，那么相应的服务发展计划也可能无法完成。另外，要想让MVV、发展策略、具体工作计划相匹配，则必须建立起相应的监控制度与评估机制。系统概念至关重要，这是因为策略计划本身就是启发我们用系统的观念去看待整个机构的管理与发展。目前，深圳"正阳"正充满期待并满怀信心地推行着策略计划。

与正阳一起走过的日子

——回顾深圳"正阳策略计划"历程

区伟祥

香港仁爱堂正阳管理顾问

（一）引言——尊重机构自决

作为刚参与深圳社会服务发展的"新丁"，在提供顾问服务予深圳市龙岗正阳社工服务中心（以下称"正阳"）。初期，本人常警提醒自己要保持对深圳机构的尊重，即在尽心提供机构管理顾问服务同时，不干预机构的决定，唯其如此才能避免机构管理层对顾问的依赖从而有利于培育他们的自我管理能力。

（二）开始于管理审核

在担任顾问之初，为有效提供顾问服务，本人对机构进行了一次管理审核（Management Audit），目的在于识别出机构的现况及需要改善的地方。并将结果与机构理事会及总干事商讨之后，我们订出了工作项目的优先次序。在商讨结果开展工作之初，本人完成了机构部分财务监控及预算制度的建立工作。而在指导标书撰写技巧之后，本人便不断听到机构投得多个新社区中心服务项目的喜讯。机构也一下子由不足30人扩展到超过100人的组织。但当时机构的管理能力及配套制度都不能承受这样突然的转变，而有些管理人员因工作压力太大而相继离职。在此动荡状态下，本人不得不调整工作重点。

（三）调整工作重点以配合机构发展

本人自行决定将原本排在稍后的工作项目，即组织结构重检实时激活，针对机构扩展后出现的问题与管理层一起重新设计机构的组织结构，同时亦适时地提供了组织结构概念及原则的培训。随后又重新厘定了各部门的分工及管理职责。同时还为机构建立起有效的会议结构并开展了会议技巧培训。从而强健了机构的骨架，畅通了内部沟通脉络。更重要的是在这个过程中本人为机构植入了"问责"及"交待"的文化规范，从而提升了机构的执行力。

（四）机构的重整及发展空间

同一时间，本人还提出了一个对"正阳"感到非常困惑的要求，即在随后的半年内停止竞投新项目。在当时整个深圳社服机构都争相寻求扩展的氛围下，这一要求真有点匪夷所思。为此，本人向机构痛陈利害，内容包括财务管理风险、管理机制的崩溃状况以及为了短期发展将会牺牲长期发展基础建设等。最后，机构总干事杨成女士对本人投下信任的一票，从而为随后启动的"正阳策略计划"得以开展打开了局面。

（五）在信任基础上提供"正阳策略计划"顾问服务

当时，机构对"正阳策略计划"只有一概括性的认识，并无推动的经验。而深圳市其他社服机构开展策略计划工作的也寥寥可数。即使有也多为在香港顾问主导下，聚合管理人员商讨一两天后弄出一个机构使命、愿景及价值观（MVV）。所以当本人向机构提出一个需时半年的策略计划推行日程表时，几乎把他们吓了一跳。尤幸当时大家的磨合期已顺利渡过，互信关系已建立，因而本人的提议除得到邓红兵理事长支持外，杨成总干事亦表示会全力配合有关工作。不然，前文提及的策略计划的各项工作流程便不会顺利施行。

（六）"正阳策略计划"外的收获

1. 打造团队

在推动"正阳"订立策略计划的整整半年时间内，本人始终坚持由总干事带领管理层成员及部分督导助理和前线社工花费大量的时间及精力于各样的讨论分享。在这一过程之中，体会从最初的困惑、压力，到后来的成长、满足之转变，从而使"正阳"的新管理团队凝聚起来，并从中学习到了不同的讨论、分析及决策技巧。同时亦确立了机构总干事的领导角色，使他们相互之间建立起共同语言、默契及互信。这些都为日后团队的沟通及运作提供了良好的润滑剂。

更重要的是，经过全情投入和参与，他们了解到机构的内部及外部环境，掌握了机构应走的方向，形成了向心力，对机构的发展形成了高度共识，从而使各部门及管理层间更愿意互相支持并产生协同效应（Synergy）。

2. 同工拥护"正阳策略计划"

作为机构的顾问，在推动策略计划时，本人始终坚持作为在旁推动的角色，从而让参与同工及机构领导作为过程的主导者。所以参与其中的员工对机构的MVV及策略计划有很大程度的拥护感，因为这不仅是其心血结晶，而且也认为是值得他们拥护并不懈坚持的工作方向。

在完成策略计划的制定工作后，"正阳"一方面全力推广其新的MVV的内涵理念予内部同工及外部持份者，另一方面，将其策略化为具体操作方案（Operationalization）。在为期6个月的策略计划制订过程完成之后，以为可以轻松一些时，但本人却提出要多花两个月时间协助他们将各项策略转化成具体目标、关键指针及操作方案等。在稍一犹豫后，他们便立即投入到了这一策略计划具体操作化过程。当完成这一阶段工作面对策略计划的具体操作方案时，他们因掌握了实施策略计划的具体工作而显出的成功感实非笔墨可以形容。这种共同的认受感及愿意全心投入其中的态度，显然是"策略计划"成败的决定因素。"正阳"花了近9个月的时间，正好酝酿出了这个条件。

（七）落实于执行才有成功的机会

其实对于任何机构而言，要成功发挥策略计划的功效，都不单是有完善的计划蓝图那么简单，更重要的是有能力把各项具体工作执行出来并得到预期的效果。上文所提及的制订策略计划及具体工作方案中既酝酿出机构领导、管理层及员工对落实具体工作的期待及决心，为提升机构执行力建立坚实基础。本人理解到机构因着种种原因令先前的执行力不彰，就算有良好的策略计划蓝图也易流为一纸空文或挂在墙上的装饰。故在订立策略计划及具体工作方案的过程中，本人始终坚持让参与其中的成员全情投入，使他们经历深入而全面的思维锻炼并营造共识，且掌握将概念操作化的技巧。而其中最重要的一点，是让员工明白系统思维在机构管理中的重要性，从而摒弃以前的分割思维模式，以打好提升管理能力的基础。将这些与本人在顾问服务初期为机构建立的问责交待机制及规范相配合发展出对策略计划和具体工作方案实施的监控机制及流程，确保了各项工作的落实推行。

（八）结语

今天喜见，"正阳"的员工在回顾整个策略计划过程中，都能一一体会个中的甘甜。祝愿"正阳"在内地社会服务发展中能有更大的贡献及作为，谨以此文共勉之。

五、"社研"推动内地社会服务发展的角色与贡献篇

要与现世界接轨

陈圣光

社会服务发展研究中心副主席、内地社工专业督导计划工作小组主席、香港路德会社会服务处中国事工总顾问

香港路德会社会服务处在香港已经成立了35年，本人自1985年起担任执行总监至今，机构员工由数十人发展至接近1,000人，单位也增至50个，随着现代社会的变迁，其为全香港市民提供多元化的优质社会服务，也步进了一个崭新的时期。所以本人在机构举办的绩效管理系统推展计划培训大会上提出了三个目标：①创新定位，闪亮品牌。②优化服务推动发展。③管理人才重塑策略。从而为机构的未来发展制订了正确目标。与此同时，自1998年社会服务发展研究中心（以下称"社研"）成立以来，本人更致力推动香港社会福利界关注内地的社会服务发展，并于2008年开始主持"社研""深圳计划"，担任工作小组主席，为协助国家建构宏大的专业社会工作人才队伍作出了贡献。近年透过成立"机构顾问平台"，本人更是不遗余力地支持着深圳社工机构，进一步协助深圳发展更优秀的社工机构，冀能使其与现世界接轨。

（一）正确目标

一个优秀的社工机构，一定要有正确的目标，就好像一条船，如果它没有目的地，只有在海上随处漂流，不能把乘客送到他们想要到的地方。那么，什么才是一个正确的目标呢？什么才是最好的目标呢？可能大家也认为这些问题没有一个绝对的答案。这是因为每一个机构的工作目标，会受不同的背景、信念、服务的人群的不同而有所不同。一个优秀的机构，应该有清晰的VMV，即有明确的愿景（Vision），有清晰的使命（Mission）及成员都认同的价值（Values）。机构的愿景是要把机构变成什么样子的社工机构；机构的使命是要持续做什么，才能变成想要的社工机构；机构的价值是机构的信念与价值观，它为机构所有的成员所认同。以我们要经营一个川菜馆为例，我们的VMV可能是，想到川菜，一定会想到我们的店名（愿景），我们一定要选用从四川运

来的食材，烹调原有风味的川菜（使命），我们相信川菜是最多中国人喜欢吃的菜（价值）。

（二）健全制度

每一个机构都有不同的制度，但一个优秀的机构，不单应该有起码的制度，而且应该是健全的制度。机构刚刚成立，可能在建制问题上或有缺欠，但在经验的积累过程中，应该不断作出改善，有问题和不合理的制度应该废除或作出改革，努力使其达致健全和近乎完美。机构的制度不是只由一群管理人员闭门造车，经过数十小时，甚或数十天的工作时间便可建立出来的，相反它们应是在推行的过程中，透过收集不同层次，不同工种员工的意见，达致去芜存菁。机构亦应收集持分者的意见，包括服务对象、用人单位、街道社区人员、相关政府部门等的意见，俾能制订用以协助机构顺畅运作的健全制度。由此可见，制度的建立应循着"由下而上"的方向，而不应该是"由上而下"的。健全的制度包括人事管理制度、财务处理制度、工作监察制度、工作评估制度、危机处理制度、公共关系及员工沟通制度等。建立健全制度虽然重要，不过是否能贯彻执行各种制度，仍是一个机构成功与否的关键。

（三）现实理念

在上文中本人曾提出过一个优秀的社工机构应该有各成员认同的价值，这些价值会直接指引机构的工作方向。我们的工作应要合乎现实理念，而不应是一些超现实的理念和想法。一切工作都要踏实，要面向群众，而非盲目追寻一些模糊不清、不着边际和"高、大、空"的凭空构想。有些机构可能什么都想做，但什么都做得不好。还有些机构在起步阶段想发展许许多多的服务但却没有考虑到机构本身的人力和财力条件及限制。一个优秀的社工机构，应该知道自己的强项和弱点，其在订定机构的发展蓝图、方案时须充分考虑自身的具体情况，或许应该学会放弃一些与机构理念不相符或能力不足以应付的工作，以免影响机构的形象和品牌。脚踏实地，凭着务实的理念，机构必能稳步发展。

（四）观察形势

一个优秀的社工机构，应该知己知彼，才会百战百胜，决不能像井底之蛙般只活在自己的空间和领域中。观察形势有不同的方向，现时外国很流行使用的 P. E. S. T Scan 方法，就是以不同的角度去观察形势，使其能制订更准确和有效的发展策略。P 是指政治形势（Political），社工机构应该留意社会的政治发展，即社会此刻关注的议题以便能在服务设计上响应因政治因素变化而带来的社会需求。E 是指经济形势（Economic），社工机构要留意社会的经济状况及全球化的问题，如社工机构是加强扶贫工作还是加强青少年的就业培训以应付经济转型带来的人力需求变化呢？S 是指社会形势（Social），社工机构应观察社会的变化，包括人口结构、生活模式、城乡发展等议题，以便能准确和适时地响应社会的需要。T 是指科技转型（Technological），社工机构要与时并进，观察信息科技的转变，不能墨守成规，还应善用先进的信息科技及网络发展，提升机构的管理、运作、服务提供、监察、评估等方面的技能，以适应现世界高科技高速发展的形势。

（五）立体思维

立体电影大家可能看过，但什么是立体思维呢？有时，我们的思考过于单一，或者受过往的经验所影响，不能突破既有的框架。经验告诉我们下雨时地面便会湿滑，但有时下雨地面是不会湿滑的，或许那个地面是在室内的，又或许该地面虽在户外，但有一个很坚固的帐蓬遮挡了风雨。所以社工机构应该学习立体思维，在思考不同问题时，应从多层面去考虑，包括从服务使用者的角度去考虑，从社会持分者的角度去考虑，从机构员工的角度去考虑等，每一个问题的产生多数都不是因为有单一的因素，况且可以解决的方法也不只有一个，而不同解决方法亦会带来不同的好处或其他问题，所以机构应要求员工不单单只会执行指令，而是应该因时制宜，以立体的思维及处事方法去面对每天的工作和挑战。

（六）精准出击

要与现世界接轨，社工机构要使用的最后一个招数就是精准出击。运营社工机构和打拳有共通之处，就是要精准出击。拳击比赛，并不是要斗出拳的多或少，而是要计算出拳时击中对方的点数，胡乱出拳毫无用处，反而会大量消耗自己的体能，一不留神便会被对方一个右钩拳 K. O. （Knock Out）击倒，最终输掉赛事。优秀的社工机构平时应多锻炼自己，在能力上不断提升，应多做调研工作，充分了解社会需要，最好是能够洞悉先机，先人之所先，快人之所快，机会到来的时候便可精准处理，加上有自己的重点和方向，便能满足服务使用者的需求，如此良机必不可失。

这次通过"机构顾问平台"出版书刊，目的是要透过汇集各方专家所提供的锦囊妙计，务期使在深圳或内地其他地区孕育和发展中的社工机构，最终都能成为优秀的社工机构。本人谨以愚见献计，提出构建优秀社工机构的六大必备策略，还请读者专家们不吝指正。

一点光荣　一点分享

关何少芳
社会服务发展研究中心理事、原香港家庭福利会总干事

（一）引言

中国内地与香港两地过去一直在社会福利的服务领域上积极交流。内地与香港两地为配合社会上的各种挑战，迎合民众的需要及期望一直保持着积极交流，共同为缔造和谐共融的社会而努力。两地社会服务工作的起步时间虽然有所不同，然而透过加强专业联系、经验的广泛交流及近年由香港机构派进内地的资深督导人员举办的系统化培训，已渐得正面成效。4年以来，以社会服务发展研究中心（以下称"社研"）为首，协调香港有志为内地推动福利服务的众社福机构，在深圳全面试行的社工培训计划，成绩斐然。深圳一线社工的专业素质不但得到提升，公益服务体系亦渐渐成熟，并开始寻求改善及系统化。香港机构的贡献，获得了广东省政府、深圳市民政局、深圳社工及用人单位的高度认同。数年来，香港家庭福利会积极投入参与"社研"在深圳推行的"见习督导小组顾问计划"及社工"机构顾问计划"两项工作之中。合作过程中得到了不少启发。同时，本人与工作团队也深深感受到了工作推行过程中所面对的种种挑战，亦苦亦乐，因而在此与各位分享。

（二）光荣任务　任重道远

一线社工团队、专责督导、社工机构管理层及理事会四个次系统之间有着互动和连带关系，由此而组成了一个基本完整的社工机构系统。我们认为，既然第一个次系统在首个阶段已被培育起来，那么后面的三个次系统也须尽快按其需要加力扶植及培育。

为此，从2010年2月起，"社研"承接了深圳社会工作协会的新任务，委托我会（香港家庭福利会，以下称"家福会"）派出两名非常资深，又且了解深圳社工发展状况的专业督导人员担任见习督导小组顾问，任务是分阶段将

20位见习督导、48位督导助理培训成为深圳的初级督导。为此我们为他们设计了合适的培训形式（其中包含集体培训、个人督导、现场督导、领域小组督导等）和十多个精心选择和整合的培训主题，从而逐步提升了见习督导和督导助理的督导知识、管理能力、专业敏感度（如专业伦理道德和职业操守）、专业视野、实务能力、公关能力以及宏观思维能力，并拓展了他们的胸襟。

（三）协助培育督导人才　使其通过360度绩效评估

被培训出来的督导人才，在经过360度评估后，既有坚定的社工信念，能秉持社工专业形象和行为，带着朝气开展工作，又能在时间紧迫的条件下承受工作上的磨练，乐意参与机构工作及强化服务领域的薄弱环节以至客观检讨团队建设，在带领队伍遵循相应的规章制度的前提下，全情投入到社会服务工作中，开展有效的工作。被挑选出来的社工，个人必须主动性强，好学。在服务领域上须有向上心，有信心带出具专业展示的工作案例，例如，教育领域的"全深圳市用人单位培训班兼座谈会"、院舍服务的"老人大学项目"、以儿童为对象的治疗性小组、司法领域多种活泼工作手法的儿童普法、青少年普法、社区普法等。小组顾问见证了深圳社工的快速成长和进步，当他们在香港的工作会议上向本人汇报工作进展和成果时，我从他们眼中所流露出来的喜悦和兴奋，便真切地感受到了"教学相长"的精神，进一步确定了"社研"和"家福会"多年来在派出香港督导员工为内地工作、为深圳社工界的付出确实有重大意义！而且，在见习督导小组顾问向学员提供培育的过程中，不少"社研"的理事，甚至主席也曾义不容辞地"客串"成为集体培训的特别嘉宾，让接受培训的深圳人员获益良多，充分表现出"社研"大家庭的团队精神真正支持着这项重要的任务，本人藉此机会表示衷心感激。

（四）与深圳机构携手创亮点

除上述的任务之外，基于我们对深圳社福界的了解，"社研"及"家福会"派出的督导，在2010年中已给予深圳社福界一个清晰而重要的讯息：深圳机构的管理方和其产出的项目，需要提供"机构顾问服务"计划书；而且，这计划书要有香港机构团队的支持，才有亮点和全面的提升。2011年是极具挑战的一年，我本人在推行并发展顾问服务过程中，我们不但要回应机构的独特需求，同时也需兼顾培训需求的部分（注："机构顾问交流平台"举办全期共 3 次联合培训）。然而，努力付出，必有收成。我们亲眼目睹几个社工机构和多种项目，都带着"创新亮点"及"成长果效"，他们都能充分将行政管理班子的"学习心得"加以总结及分享，让内地其他地区吸收宝贵的经验。

（五）总结

作为社会服务发展研究中心理事成员及香港家庭福利会的总干事，这些年，在推动内地社会服务发展的工作上有付出也有收获。本人最深切的感受是能够与一众有心的专业社工，同心付出，努力耕耘，是光荣也是奋斗。香港的社福界，先行了数十年，然而，社会变迁，专业的社工仍然不断地面对冲击，工作仍须继续优化，手法也应推陈出新。内地的社工，满腔热血，手携手踏步前进，令人鼓舞。他们的进展步伐，较我们当年在香港的工作，要求更高，速度更快，挑战更大。在互动的交往中，两地的社工，将会互相勉励，为服务社会的崇高理想，一同努力，更进一步。

"社研"协助深圳建设社工队伍的第一个实体服务
——"盐田计划"

周敏姬

社会服务发展研究中心副主席

(现为社会服务发展研究中心理事)

自 2006 年以来,中国政府高度重视专业社会工作的发展。此时的香港已建立了较成熟的社会工作制度体系,而且本港与中国内地以至亚太区保持着紧密联系,从而十分适合扮演"教育枢纽"的角色,同时因应推动内地社会工作的蓬勃发展。

社会服务发展研究中心(以下称"社研")自 1998 年成立以来,便致力于促进本港和内地社会福利事业及社会工作的发展,"盐田计划"因此应运而生。作为"社研"第一个协助深圳建设本土社工队伍的实体服务计划,"盐田计划"在如何提升深圳专业社会工作服务水平方向上的探索,为"社研"之后的深圳、东莞、广州等计划提供了宝贵及生动的经验和心得。

(一)"盐田计划"的使命和背景

2007 年 12 月 5 日,在地方政府的培育和扶持下,盐田区成立了盐田区社会工作者协会(以下称"协会")和盐田社工服务中心(简称"服务中心")。设立"服务中心"的目的主要是运用社会工作手段构建和谐社会,以助人自助、自助助人的理念,建立共融关爱的盐田社区。

"社研"特派遣 3 名资深社工专责督导社工及协助管理新成立的盐田社工服务中心,督导社工开展社会工作,创建香港专业社工人员共同参与内地民办非企业单位管理事务的全新模式,探索社工如何迈向本土化的道路。"盐田计划"建立了一支 25 人的专业社工队伍,制订了包括管理制度、社工工作手册、16 个服务质量标准、工作流程及评估办法等在内的社会工作制度,举办了多次社工专业培训,开展了形式多样的宣传活动和一系列个案工作(至 2008 年 12 月底,个案数目为 125 个)和小组、社区活动(至 2008 年 12 月底，活动数目为 86 个），服务工作取得了初步成效，受到了辖区单位和居民的欢迎和好评。

（二）"盐田计划"具有代表性的特色

1. 盐田社工服务中心的管理、督导和服务的全方位督导模式

"盐田计划"的特色是由"社研"派遣 3 名资深全职社工督导和兼职统筹主任进入"服务中心"开展督导工作，由其中一位督导担任督办主任，与当地社工共同建立了管理、督导和服务的全方位深港合作模式。

在这个全方位督导模式中，香港督导不仅针对社工进行专业督导，而且还直接和社工一起参与到日常的个案、小组和社区活动中，通过亲身示范和指导，令社工在专业成长中获益。社工对这种全方位的参与模式非常认同。另外，香港督导亦会负责"服务中心"的日常行政和管理工作，并在引入香港社会服务机构的管理模式结合内地的文化和"服务中心"的服务理念基础上，建立起了"服务中心"的一套管理规章制度。"服务中心"在创建后的一年里，已成功地为实施香港社福界的"16 项服务质素标准"打好基础，并在检视其适应性后进行了优化及本土化，且逐步开始落实于"服务中心"的工作中。

在督导的带领下，"服务中心"开拓了不少专业服务，很快便成为了一个有形的服务实体。其服务内容包括家庭辅导服务、暑期儿童托管小组、社区外展服务等。在"服务中心"内，社工除接见家庭有困难的求助者外，也会开办小组，发展模式较贴近社工服务中心的构想。从督导和社工的回馈中可以得知，这样的模式最能促进"服务中心"的发展和社工的专业成长。

2. "社区本位"的服务发展模式

盐田社工服务中心所秉持"社区本位"的社工服务理念，以整个盐田大社区为本的社工服务规划，针对整个大社区内不同人士和地区的需要。运用社区存在的"资源""技术"及"能力"，策划、联系及提供不同类型的服务，无疑是一项值得支持的新尝试。整个服务策划及服务提供过程可简单划分为五个阶段，包括评估社区需要、设定服务目标、发展服务策略、提供有效服务以及检讨服务成果。

对"盐田计划"的评价及建议：

（1）领导在政策及财政上持续的支持，让"服务中心"逐步迈向民间化。

（2）理顺"服务中心"行政架构，增设专职本地督导和督导助理岗位，明确职能。

（3）提升督导助理的专业知识和技巧。

（4）加强实证研究，争取用人单位和广大市民对社工的认同。

（5）为增加资金来源管道，"服务中心"提出了多项未来发展计划，确保"服务中心"的可持续发展。

（6）探讨以项目购买代替岗位（社工）购买的服务提供模式，以避免社工过量外派而缺乏支持。

"盐田计划"的成果：

在2008年10月深圳民政局在全市社工服务机构评估中，盐田社工服务中心被给予的评分是4.25分（5分制，非常差得1分，非常好得5分），排行居全市之冠。

盐田社工服务中心计划的成功开展，有赖于各方面的全力支持和配合，计划的重大意义在于其为内地社工专业发展树立了一块新的里程碑。在工作开展的初期，各方面面对了前所未有的困难，包括两地工作文化的差异以及诸多用人单位和市民对社工了解不深等问题。社工及香港督导需要作大量的宣传、示范和教育工作并建立工作架构和管理架构。因而我个人认为"盐田计划"能在短短一年中取得如此成果，已相当不易。

总的来说，"盐田计划"不仅具有划时代的作用，同时亦承前启后地为促进"社研"日后开展的计划提供了可资借鉴的经验。

从参与社工督导到机构顾问工作

——谈内地社会服务工作及社工的专业成长

彭盛福
社会服务发展研究中心非执行理事、
内地社工专业督导计划统筹、督导及顾问

（一）引言

回想我于 2009 年 6 月，在一偶然机会下，承社会服务发展研究中心（以下称"社研"）领导人之邀请，在一颇为荡漾的心情下，接受"差使"，踏上"征途"，展开一项我渴望已久的工作。在此之前，我曾梦想过在自己退休后，能如电影般很浪漫及激情地前往内地一些偏远地方，为山区学校的贫困孩子担当教学工作。就是这般机缘巧合，我虽然没有经历如前述般的动人情节及怀着如前述般的洒脱无羁感受，但仍满溢着一种引人遐想及珍爱的感觉，参与到"社研"此一独特及饶富意义的"社工督导计划"，一尝梦幻版的"山区老师教导烂漫孩子"的差使。只不过这次不是做梦，而却是承担真实版的"深圳计划"督导专业社工工作。

（二）从督导到顾问的日子

在参与"社研""深圳计划"之始，我担当的是深圳市宝安区及龙岗区禁毒领域社工的督导工作，其后复担当龙岗区司法矫正与司法调解督导工作。其间我与一线社工的朝夕相处、交谈论学，他们那股对社工知识的渴求，对社工概念与手法的认同与向往，真的使我深为感动而忘却往返于深港两地之舟车辛劳。事实上，在这段日子，我看到我所督导的一线社工，他们从开始时对处理个案的茫然与无措，不知怎样物色个案，开拓个案，与个案建立互信关系从而展开帮教与辅导工作，至如今之能娴熟及自信地处理个案。社工们在专业路途上的成长与成熟，这使我分外感悟国家的远见与决心，就是在多年前于内地建立并开始社会服务工作的推展。随着 3 年多的"社工督导计划"的相继完成，深圳市民政局与"社研"再度携手合作，推行"机构顾问计划"，就是安排香港资深社工为深圳市社工机构在其所开设的社区服务中心内提供顾问服务，目的是在加强机构社工的专业知识与手法的同时，更致力提升机构的管治水平与发展潜力，从而将社会服务工作透过社区服务中心的社工，送达至每户人家的家门前的一种"便民"措施与境况。

（三）探讨"社研"督导及顾问计划对内地社会工作事业推展之成果

在过去参与"社研"社工督导与机构顾问工作近三年的逾千个日子中，我深切认同并感受"社研"在对内地社会工作事业之由萌芽茁壮，以至蓬勃发展所涵盖的由国家、机构，以至个人三方面层次之点滴贡献。此当中，固然有的是我个人的真实观察，有的是我一己感性体会，也有的是我对内地社工事业的殷切期盼。凡此我试图在以下方面逐一论述。

1. 内地政府方面——社会工作服务与人才队伍的确立与建设

在 2008 年 3 月当"社研"接受深圳市民政局之邀请，为内地社工提供社工督导服务时，"社研"便利用其已在香港建立多年的平台，联系香港有关社会服务工作机构之负责人，商讨如何就内地在此方面的需求而展开相关及适切的行动。"社研"在一众社会福利服务机构的支持下，迅速作出回应并显示其一力承担精神，使这艘集结香港社会福利服务的管理精英及实务人才力量的"深圳计划"船队，在最短时间内得到整装而启航。在过去 4 年之岁月里，"社研"众领导及各社福机构负责人，透过与内地各有关部门及其官员之紧密接触，包括相互探访、参观、研讨会议，而更要者是鼓励及安排无数香港资深社工在他们肩负香港繁重工作之余，或在退休正欲一尝悠闲生活之际，响应"社研"呼吁，毅然踏上发展内地（首在深圳，后扩展至东莞、广州及新疆等地）社会服务工作专业人才队伍建设之道路。

事实上，"社研"在过去年间透过与内地有关省、市政府之接触与交流，使内地领导对整个社会福利服务工作之从概念之理解与认同、制度之规划与设立、服务之实施与评估等各方面工作，能得到一全面及确实的认识与了解，由此促进了内地社会服务工作朝职业化、专业化、规范化与本土化之途程迈进。

2. 内地机构方面——机构服务的有效管治及运作

我们十分清楚地明白，要使社会服务工作壮大及发展，有效达成使命，我们除却需要有政府之竭力承担与持续支持外，更需要有优秀之社工管理团队及开诚布公、严明励治之社福机构，承担受托与执行任务。在此，我感到非常欣快者，是内地当局早有洞察，并于 2010 年底开始在深圳推行社工督导及培训工作的同时，更着意出台一簇新之"机构顾问平台计划"服务，目的是藉香港先进社工服务及管理经验，使内地社工机构之负责同工及高阶层管理人员，能掌握并实践卓越之机构管治及发展模式。事实上，在刚过去的一年里，机构顾问服务已得到内地及香港社福机构之热烈响应，在香港一共有 8 家著名社福机构加入此项计划，为深圳多所社福机构提供机构有效管治与运作之顾问服务，此包括：健全之机构组织结构及财务管理、畅顺之服务运作与监察、客观之成效评估、高瞻之发展规划要素与经验等。我们相信在香港"社研"之持久带动及香港各社福机构之鼎力支持下，机构顾问服务必会推动内地社工机构服务之健康发展，最终为内地民众提供优质之社会服务，以达致"上为政府解忧，下为百姓解困"之神圣使命。

3. 内地社工方面——专业知识与技巧的成长与丰盛

在过去多年"社研"督导与顾问计划之不停运作下，香港督导（包括身兼机构顾问者）与内地社工已建立一非常密切关系，督导与社工之日夕晤对，并由此对社工作出之适时指引与启导，在在使内地社工在个人知识、能力与修养等众多方面得到不断提升，此包括：

（1）社工专业知识与实务能力的强化。在香港督导与顾问之循循引导下，内地社工，包括机构管理阶层人员，他们对社工理论与信念均能得到一深度认识，比其原先在课堂内所能从老师及书本上所领略者为更多及更真切。此外，由于得到香港督导之实质经验及具体指引，内地社工在实务方面，例如在个案技巧之运用、小组工作之理论与手法之结合与实施、社区活动之筹划与社区需求之探索，特别是社区环境与资源之运用与相互配合等方面，内地社工之知识及其处理此方面问题之能力与信心均得到了明显的加强。

（2）社工视野的扩阔。透过香港督导与顾问之拥国际视野之思维训练与熏陶，内地社工及从业人员在此方面之视野亦自然地不断得到扩阔。在过去多年，透过无数规模及层次不一之前往香港参观与交流活动，内地社工及同道对社工服务的效率规划与顺畅运作均有一透彻认识，其对香港社工服务之多元化理念与模式，普遍留下了极深刻印象，特别对服务对象之需求之被如许细致尊重与回应，使他们由衷体会到社工"以人为本"的崇高理念应如何被切实执行并使其贯穿于整个服务过程中。

（3）社工热诚工作态度的抱持。在与香港督导的无数相处时刻中，内地社工对香港同工之专业知识与工作态度自有众多体会与评价。在我的观察及印象中，最使内地大多数社工所深为感动者是香港社工的那种热诚与投入的工作态度。他们对香港同工对工作事务之认真及对工作效率之追求、对事务之问责与负责表现、对廉洁风尚之坚持等，均为内地同工所最为称颂者。

尤记得在多次我冒着恶劣天气、大雨滂沱准时赶赴督导现场与内地社工见面时，看到他们对我因衣履尽湿之狼狈情景而油然产生之一种敬重目光与感动神态，我已无暇理会流淌在我背上的是雨水还是汗水了，我只感到它是凉透心扉之清冽泉水！在那一刻，我只是由衷期盼香港督导此种切实举动，能鼓舞内地同工之骄阳壮志与无穷能量，激发他们为广大有需要之群众提供最贴心与最富效能之服务。

（4）社工对现代文明元素之秉持。内地社工在接受香港督导之指引与督导期间，除却在专业知识方面得到增长外，更会在其他理念方面得到启发与顿悟，诸如现代社会所非常强调之如科学、客观、公平、正义、包容与尊重等价值观。

事实上，大家必会同意，一个优秀社工，其不单需要有无比爱心与助人为乐之心志；同时要有科学之思维与锻炼，从而找出恰当及富效率之方法；要有客观心态与胸怀，从而体会个案（服务对象）之境况（苦困），而作出最大努力，以协助个案排忧解困；要有包容之情操，从而理解及接纳个案之不同背景与行为；要有尊重之态度，从而鼓励及引发个案之动力，寻回自尊与自信而作出相关改变，迎向新生。在此，我诚心祝愿与期盼香港督导对内地社工之多年无间督导，其言行举措，能化作春泥、化作春雨，在社工的心灵上护出花朵、护出智慧！

（四）结语

回想过去，与香港很多市民一样，每当国家拥有巨大成就，诸如经济发展方面、科技成就方面，特别是在太空探索方面、体育及竞技方面等时，我都会有兴奋甚或骄傲之感觉。但真正使我感到欢欣鼓舞及无限憧憬者，却是近年当我知悉并目睹国家正不断努力在内地推行社会服务工作之时，盖我相信任何国家及地区，当其着意推行社会服务工作之当儿，正恰好表明其已有一定国力及余力进行社会民生改善工程。事实上，推行社会福利工作及服务，的确是会耗用国家一些资源，但此乃表面及初期现象，随之而来者是当社会福利相继推行之后，必会带来民生之次第改善、社会之稳定和谐、经济之持续发展而最终为国家创造财富并使国家财富渐次增加，因而再次促使社会福利之提升此一良性循环现象。

　　在过去多年，我有幸参与由内地与"社研"通力合作所推动之社工督导及机构顾问计划，我对此感到由衷雀跃与欣快。尽管我深知个人力量有限，但我相信在"社研"诸位领导人，包括邱浩波主席、陈圣光副主席、周敏姬副主席、李永伟总干事及一众理事之睿智带领与力行表现下，上述"社研"在内地所推行之工作必会在我们已盖建之台阶上不断向前推展，其所发挥之热与光必会不停回转、折射，最终辐盖全国。在面对国家要在未来年间建立一支庞大的社工专业人才队伍，以应所需此一艰辛目标，我是怀着既兴奋复惶恐之两样心情，参与其间，此即，感到有幸参与此一庄严任务，但又深恐力有不逮。无论怎样，我是坚信"德不孤，必有邻"此一先贤话语的，即当面对一个如此划时代而满载历史意义之任务，只要我们勇于踏上此一大道，我们沿途必不会孤单，必会有众多有志之士相伴相随，共同携手，为我们所热爱之国家，所热爱之民族，所热爱之华夏文明献上无尽心思与力量！

社会工作督导与社会工作价值观

武婉娴
社会服务发展研究中心深圳、广州和番禺计划督导

从 2008 年开始，我加入到"深圳计划"香港督导的大家庭里，当初的加入只不过是一次偶然的机会，想不到却结下不解缘。在头 3 年里，我主要是在深圳的家庭服务和残疾人服务这两个领域做督导，从第四年开始我又加入了番禺和广州督导计划，主要负责督导家庭综合服务中心的社工。

由于我横跨三地做督导，故而经常有人问我三地的督导有什么不同。我的回答是没有太大的不同，只是要相应面对各地社工体制的差异而已。深圳实施的是以岗位社工为主的体制，所以督导团队在于面对"多头管理"问题。夹于社工机构、用人单位与前线社工之间的香港督导，只能依靠专业知识去斡旋劝说，却没有实质行政权力去干预。另外，体制方面的问题还造成了许多权责不清的灰色地带和监管问题。

至于在广州，实行的是家庭综合服务中心体制，即由中心自己管理自己，其行政架构相对简单，而且也较为类似于香港的综合服务模式，所以督导更能将精力集中于推行社工专业发展上，而社工学起来，做起来会更为专注。

如果说三地的社工在本质上也有点差异的话，那么主要在其心态方面。深圳的社工大多数来自于外省，自己的家本身就不在深圳，他们大多数抱着"过客"的心态，他们自己都面对着许多适应的问题，加上岗位社工又是新鲜事物，因而其在心理上承受着不小的压力和不安感。以前我以为内地的社工都有这样患得患失的心理，但是当来了广州和番禺以后，我发现广州的社工大多数是本地人，或者是多年在广州读书，或是已在广州成家者，因而他们的心态很不一样，他们大多数是抱着长远安定下来的心态在工作，所以他们愿意花更多时间去学习，以便一步一步地把自己、把中心建构起来，他们的心态比较稳定，而中心也愿意多花心力留住本地人才。

不管如何，内地社工非常需要香港督导在情绪上给予支持。内地社工的倦怠情绪主要来自于工作压力、知识及信心不足、与用人单位不协调、前途不明确等因素。因此，香港督导要持续为其提供情绪支持，特别是帮助社工建立信

心，以便让他们安心。同时，作为专业楷模，督导的示范作用极为重要，因而督导必须运用各种督导方式包括个人督导、小组、参观、团建等，鼓励和推动社工的正面情绪。

在过去三年多的督导生涯里，我越来越强烈地感觉到，坚守和实践社会工作价值观才是社会工作者坚守岗位和持续努力的关键所在。在内地，许多人以为社会工作只是西方的"舶来品"，只要对其抱持"中学为体，西学为用"的态度就够了，因而把社会工作只看为一堆知识和技巧，而没有真正地认识到秉持社会工作的核心和灵魂——其价值观之重要性。

我个人以为，在做督导的过程中，除了传授知识以外，我们还应该努力推动内地社工坚守和实践社会工作价值观。社会工作价值观的核心信念是，人是可以改变的，人是有价值的，人是可以有自助能力的。此为我经常鼓励我所督导的社工，要有自己的想法和计划，无论是做年度计划、个案介入计划还是做小组计划，没有人能比你自己更清楚你组别的方向、个案的情况、你小组的目的意涵所在。所以，要负起责任，承担责任，不用害怕做错什么，因为没有人能告诉你什么才是必胜的。因此，身为社工，我们不仅要相信服务对象，同时更要相信自己。

有些社工不敢做决定，因为他们害怕失败，害怕被斥责。我鼓励他们说："勇于尝试、多样化尝试是社工成长的必经之路。即使是督导本人，也是在经过了不少失败之后才能走到今天。如果一个社工不经过多番历练，其职业生命就会变得很脆弱。"

我认为在社工管理方面，除了经常提到的职效管理、效能管理等外，更应该想一想如何回归到社会工作价值观里面的问题，由此而从心底里鼓励和尊重我们的年轻社工能有成长的空间，让他们有信心尝试、有勇气面对失败，并有胆量将自己的成功和失败的经验拿出来与领导和同辈分享，彼此在支持和反思中寻求发展。

当前社会工作的生态环境确实不太健康，许多人对社工寄予了太高的期望，希望他们尽快上手并做出成绩来。不少社工跟我说："尽管我尽力了，可是却得不到领导的认同。"由此我明白了原来他们所需要的是一声鼓励或一句表扬。这个也让我反思作为督导，在催促他们学习和成长的过程中，也有必要给予足够的鼓励和正面的支持，使他们能健康成长而非被压扁。

此外，我还见过两种极端的领导风格，其中一种是富有领导经验的领导，但是他们不是社工科班出身的，而且从前没有领导过专业团队，因而在年轻社工上岗后，他们便采用了独断式的指令来管理，结果是让社工们很不服气，因为他们的专业理念与领导的理念不配合，而在没法沟通时，社工们只好选择抗拒或唯命是从两种态度。

另一种极端的领导风格，乃只拥有一至两年一线社工经验的人，在领导人才缺乏的情况之下被提拔到领导岗位上。可惜他们的心里却完全没有底，面对一线社工的种种情况和工作难题时感到彷徨。因此，自信心不足是他们不敢面对领导这个角色的根本问题，故而他们会采取放任和权力下放的管理方式，导致整个团队过于松散，或都是因前线社工在不知道领导到底需要什么的情况之下做了一些领导不想要的事情而感到无奈。

作为社会工作的核心价值，我们相信人是会改变的，在我们做领导时，也要坚守人是可以改变的这一信念。领导风格是因人而异因时而变的，但无论怎么的风格，都应该回归于社会工作中"助人自助"这个基本价值观，如此方能帮助社工学会自助，让他能真正有所成长。

在担任广东省社会工作督导的过程中，我曾多番与内地社工分享各种各样的当社工的知识、技巧、理论、方法等，但我认为最重要的还是与他们分享了我的社工精神。我力图让给他们看到，一个当了多年社工的人，依然在用生命诠释助人事业是可行的，助人是可以感到快乐的，当社工是可以蛮有感情和动力的。我相信，个人的感染力，也就是我的一份信念与使命感，应该就是开启内地社工心扉的真正钥匙。

六、内地社工发展与督导计划的意义及其历史任务篇

春天盛放的花儿

詹满祥
社会服务发展研究中心深圳计划统筹主任
(现为香港路德会社会服务处内地事工统筹主任——深圳及广州)

(一) 缘起

为贯彻落实中共"十七大"及《中共中央关于构建社会主义和谐社会若干重大问题的决定》精神，努力造就一支结构合理、素质优良的社会工作人才队伍，初步建立具有深圳特色的社会工作制度体系，深圳市政府于2007年就加强社会工作人才队伍建设、推进深圳社会工作发展颁行了"1+7"文件，旨在建构一支先进及优秀的社会工作人才队伍。

香港与深圳一河相隔，凭着地理位置靠近的优势，社会服务发展研究中心（以下称"社研"）应深圳市民政局及深圳市社会工作者协会的邀请，在中央人民政府驻香港特别行政区联络办公室的大力支持下，与深圳市达成了共识及协议，自2008年3月5日起派出香港社工督导，赴深圳为当地的一线社工提供督导服务，把香港的经验带到深圳，协助国家打造专业化的社会工作人才队伍，为中国内地的社会工作发展写下了很重要的新一页。从2008年开始，国家每年6月举行统一的社会工作者职业水平考试，分初级和中级两级别，从而为内地社会工作专业化奠定了人力资源基础。而在首届的统考中，深圳市应考者的平均成绩较全国其他省市为佳，故而为深圳市发展优秀社工人才队伍创造了基本条件。

(二) 督导工作模式

香港的社会工作已发展了数十年，不仅已积累了诸多宝贵的实务经验，而且还建立了很多完善的制度体系，而其中所包含的良好及持续的督导制度恰是深圳市发展专业社会工作初期所需要的。在深圳市政府的大力支持下，"社研"与深圳市社会工作者协会订定了合约，从香港选派出资深督导赴深圳开展督导和培训工作。5年中，"社研"已派出了超过106位香港社工督导赴深圳工作。起初，香港督导主要为深圳督导教育、司法、残疾人士服务及社区民政等4个工作领域的社工，及后扩展至团委青少年、妇女家庭、信访调解、禁毒、医务、企业工会、社保、综治办、法援、长者服务等在内的多样化社会工作领域，以满足不同社群的需要。

"深圳计划"前后分为三个阶段，其中第一阶段主要是督导及培训深圳一线社工。一名香港督导一般每个月提供10天的督导工作时间，为期两年，每名督导一般督导9—14名新入职的深圳社工，主要透过督导会面协助深圳社工展开工作，审批他们的各项工作方案及报告，包括个案工作、小组工作及社区活动等各项工作，相关的督导工作及模式与其在香港进行的督导工作无异。除了个人督导及小组督导会面以外，香港督导亦会为其督导的团队提供所需的培训课程，不同工作领域及工作地域的督导们亦会组织联合的培训工作坊，如南山区社区工作社工培训、新上岗学校社工培训、正向心理学培训等联合课程，以善用人才和资源。此外，"社研"亦会组织一些培训课程，供深圳市所有社工参加。近两三年，香港督导们更经常协助组织一线社工赴港作专题的学习，以便使他们对社会工作操作及理念有更深入的认识和体会。

"深圳计划"第二阶段的工作为培训本土督导人才。除了督导一线社工以外，香港督导亦应深圳的邀请培训本土的督导人才队伍，包括督导助理、见习督导及本土初级督导，并设立了管理相关人才的制度。见习督导是一个暂时性的职位，随着本土初级督导的产生，优秀的见习督导们都已调升为本土初级督导，及后便取消了见习督导的职位。当时，每6名深圳一线社工便选配1名督导助理，以协助香港督导及本土初级督导开展工作。香港督导会为督导助理及见习督导共同制定个人成长方案，按个别人员的需求及强处弱处来订立培训计划，以让他们尽早成长而能应付巨大的督导工作需求。"社研"会为深圳督导助理安排赴港3天进行考察培训，而见习督导及本土初级督导则会赴港7天进行工作体验培训，按不同的工作领域进行相关的学习，以让他们更能掌握督导技巧及实务工作的结合点。在本土初级督导产生前，"社研"亦应邀派出两位资深社工督导，担任见习督导小组顾问，以帮助他们逐步学习独自担当督导工作。

深圳社工机构具有一定实务经验后，深圳市开始实施项目购买政策，作为原有的岗位购买模式之外的新形式，目的是让深圳机构按不同服务对象的需要设计相关的服务项目，随即临终关怀、预防青少年犯罪、社区健康等项目应运而生。深圳市社会工作者协会在提供有关项目的督导资源方面相应地作出了新的安排，容许深圳各机构自行与内地或香港的机构签订协议，为其提供项目及机构顾问服务，建立较长远及深入的关系，以能持续协助深圳社工机构发展。"社研"的"香港机构顾问平台"亦因此而建立，其目的是集结不同香港机构的经验及资源，打造高起点、高质素的顾问服务。尽管相关的顾问工作仅为期一年，不过这一年却已让香港及深圳的社工机构结下了情谊，为继续支持内地社工的发展播种了种子。

（三）深圳社工发展方向

自2007年至今，深圳社会工作发展已历5年时间，发展模式也已经由岗位购买转变为项目购买，近年亦被发展中的社区服务中心取而代之。数年前，深圳市社会建设考察团在深圳市委副书记王穗明的领导下，与众机关的局长、团委书记、妇联主席等领导赴港到香港路德会社会服务处包美达社区中心及香港国际社会服务社深水埗南综合家庭服务中心实地考察，了解社区服务中心的综合化课题及实务操作，敲定了深圳建设社区服务中心的方向，期望"十二五"之后深圳的每一个社区都设有一个社区服务中心。与此同时，为巩固社区服务中心的发展方向，深圳拨出财政资源，资助每3个中心机构自行聘用1名顾问，以督导社区综合服务中心的工作，亦为机构发展提供意见及培训。此举承传了已完结的机构项目顾问工作，为深圳及香港的社工机构搭建了一个新的合作平台，以继续支持发展中的深圳社工机构并协助国家建构优秀的专业社工人才队伍。

（四）春天盛放的花儿

在这数年间"社研"与深圳的合作促进了香港社会福利业界对内地社会福利服务发展的认识与关注。作为"社研"成立初衷的一项重要使命，"社研"现时已成为了两地社会福利服务交流的重要窗口，其不单是促进了香港与深圳社福界间的交流，更经常为广东省及其他省市的政府部门、事业单位、居委会、社工机构、民间团体、大专院校等协调安排互访活动，以各种方式持续支持国家发展社工专业的光荣任务。借助为期5年的"深圳计划"，深圳社工同步成长的历程，好像树木在春天发出嫩芽，茁壮成长，进而盛放色彩夺目的花儿，并很快结出累累果实的历程。而今，专业社会工作已经在深圳取得了一定的成就，社工们走进社区，为不同群体开展服务，已经展现了社工的风采。

与东莞的专业社会工作一同成长

陈安发
社会服务发展研究中心东莞计划统筹主任

（一）引言

2007 年和 2009 年深圳市政府及东莞市政府分别通过了与社会工作相关的"7+1"文件，从而成为深圳和东莞推行专业社会工作的政策基础。第一批社工于 2008 年和 2009 年在深圳、东莞正式上岗，标志着两市全面开展社会工作。因专业社会工作在中国内地是一项崭新的事业，这时在内地有相关实务经验的社工屈指可数，绝大部分到深圳和东莞工作的社工都是刚毕业的学生，他们普遍没有经验、缺乏自信，甚至也没有如何实际地开展工作的足够知识，因而他们在开展服务时，都很需要有经验的社工的帮扶。为了使这些新社工能及早投入服务及尽快提升服务质素，两市民政局邀请香港社会服务发展研究中心（以下称"社研"）合作，使香港的资深社工，得到参与内地社工服务的契机。为此"社研"组织了安排香港督导到深圳和东莞工作的平台——"深圳计划"和"东莞计划"。

为了使香港督导在两市能顺利开展工作，"深圳计划"及"东莞计划"统筹主任分别在 2008 年和 2009 年策划和组织了香港督导到东莞服务的准备工作，在相应年份的 12 月，香港督导先后在两市正式启动了督导工作。

因应内地发展社会工作的需要，香港资深社工适时地投身于内地专业社会工作的历史任务，显然意义深远而重大。本文尝试性地探讨香港督导以深圳、东莞为平台，参与内地构建社会服务工作体系的任务和意义。

（二）内地社会服务工作的开展

2007 年 10 月，深圳市政府发布了关于加强社会工作人才队伍建设文件（简称"1+7 档"），对社会工作人才队伍建设作了具体的战略规划。

深圳经济特区建立27年来，取得了令人瞩目的辉煌成就，随着经济社会的发展，我们也较早地遇到了各种矛盾和问题，明显受到土地、资源、人口、环境等"四个难以为继"的制约，面临着社会治安、城市管理、人口管理、社会事业建设方面的"四个严峻挑战"。解决这些问题，既需要综合运用行政、经济、法律的手段，也需要通过加强社会工作人才队伍建设、推进社会工作发展，来预防和解决社会问题，维护社会稳定，促进社会公平，增进社会和谐。①

2009年5月，东莞市政府也发布了类似深圳市的"关于加快社会工作发展的1+7"文件。文件指出："为贯彻党的十七大关于加快推进以改善民生为重点的社会建设的方针，落实党的十六届六中全会关于加强社会工作人才队伍建设的部署，充分发挥社会工作在解决社会问题、化解社会矛盾、维护社会稳定、增进社会和谐、推动社会进步中的重要作用。"②故决定在东莞市开展社会服务工作。东莞的第一批社工在2009年10月上岗。

深圳和东莞都是广东省内经济快速发展的城市，全市均有1,000多万人口，外来民工的比例极高，加上不少外来企业，因而人口结构很是复杂。随着社会的急速发展和转型，大量的社会问题亦随之而来。从东莞市"关于加快社会工作发展的"1+7档"可以看出政府的体会。

改革开放30年来，我市经济社会建设取得了令人瞩目的辉煌成就。但随着经济体制的变革、社会结构的转型、利益格局的调整、思想观念的变化，一些高速发展过程中来不及解决的深层次矛盾逐渐凸显，尤其是随着当前世界性金融危机的蔓延，就业困难、贫富悬殊、犯罪吸毒、诚信缺失、心理失衡以及流浪乞讨、群体性事件等社会问题不断涌现。解决这些社会问题，既需要综合运用行政、经济、法律手段，也迫切需要使用实践证明行之有效的社会工作专门人才和专业方法，来协助党和政府解决社会问题，维护社会稳定，促进社会公平，增进社会和谐。③

由这些表述可见，深圳和东莞市政府在体会到社会问题的急切性和严重性

---

① 深圳市政府："深圳市委市政府关于加强社会工作人才队伍建设的"1+7文件"，2007。
② 东莞市政府："东莞市委市政府关于加快社会工作发展的1+7文件"，2009。
③ 东莞市政府："东莞市委市政府关于加快社会工作发展的"1+7文件"，2009。

之后，毅然决定全面发展专业社会工作，以解决和改善社会问题。

为了开展社会服务工作，两市首先着力于大量招聘一线社工，并将其安排到有需要的单位，包括妇联、残联、团委、福利院等。在社会服务开展之初，很多社工都是刚毕业的学生，缺乏社会服务工作经验，也没有相关的服务作为参考，如何开展服务工作是社工面对的最大困难。这时，来自香港的资深社工充分发挥了作为引领者的作用，向他们指导社工的工作方法和技巧，社工的工作才得以逐渐开展。

（三）深圳市和东莞市社会服务工作发展的特色

社会服务工作在深圳和东莞的开展，都是很短时间内从无到有的产物。而这一改变，又势将影响全国社会工作的发展，因此而给深莞两市的社会服务工作赋予了特殊的意义。深莞两市的社会服务工作发展，具有以下显著特色：

（1）两地的社会服务单位，大部分为政府部门，包括区/镇政府及与政府相关的单位，如妇联、团委等，这些部门和单位，不一定都和社工服务工作有关，其领导和工作人员，很多都不了解社工的工作，以至于社工在开展工作之初，让社工从事较多部门和单位的行政工作。随着社会工作的开展，社工的服务得到了越来越多的理解，这方面的情况也逐步得到改善，但有些地区仍需继续提升对社会服务工作的认识。

（2）绝大部分社工在上岗时，都是刚毕业的学生，除了没有社工经验外，还没有工作和人生经验，所以他们不单要学习社工实务工作技巧，还要学习工作态度和习惯及与人相处的技巧。

（3）大部分的社工来自全国各地，其在语言和生活习惯方面，也与广东的民众不尽相同。在深圳这座融合全国各地文化的城市犹可，在东莞这以本地人为主的城市，来自外地的社工就会遇到语言和生活习惯方面的困难，这无疑增加了社工在适应本地生活问题上的挑战以及开展工作困难。

（4）由于社会服务工作只是一项刚开拓的事业，部分初来的社工是以尝试的心态参与这项工作，同时部分社工对社会工作的理解尚待加强，故在服务发展初期，社工面对很大的工作和心理压力，以至于在服务初期社工的流动性很大。此外，现在全国各地不少地区都在着手开展社会服务工作，很多有些经验的社工，开始回流故里，这也是社工流动性难以大幅的下降原因之一。但从另一角度看，社工的服务理念却也因此而由深圳和东莞扩散到全国。

（5）最近，临近深圳和东莞的地区，如广州、中山、顺德、佛山等都相继开展起社会服务工作并互相争取有经验的社工,从而使得社会服务工作在"珠三角"地区获得了长足的发展,服务亦有了计划性和系统性,成为了社会服务工作步入有规划地发展的开端。但社工的流动也值得更加重视。

(6) 因"珠三角"地区的社工服务,大都是聘用香港督导协助和指导本土社工来开展的,其社工机构的管理系统也由香港督导指导建构的,所以这些地区的社会服务,基本都可以秉持社工的原则。

(四) 聘用香港督导

深圳在开展社会工作的同时便已明确地表示,要加强教育培训工作的交流与合作。坚持"走出去"和"请进来"相结合,积极推动社会工作人才教育培训的国内外交流与合作,努力形成教育培训工作的对口交流与合作机制。特别是要充分利用香港社会工作教育培训的资源,学习他们发展社会工作的成功经验。

而要充分学习和利用香港的经验,其方法之一便是聘用香港的资深社工,为深圳的社工提供全面的督导,帮助深圳社工学习和成长。如今这一模式已取得了很好的成效,很多社工在香港督导的指导下已迅速成长起来。

在"东莞计划"聘用社工之前,市政府多次安排了到已开展社会服务工作的临近地区如香港和深圳探访和学习,以便参考这些地区社会服务工作的发展和推行的经验。在这一过程中他们了解到社会服务工作在内地是一项刚刚起步的全新事业,内地并没有足够经验的社工,这必将使东莞开展社会服务工作的过程中面对种种困难。而如何使服务工作的开展少走弯路,就成了东莞推展社会服务工作中的一项重要的思考。

与东莞相邻的深圳,于2008年开展社会服务工作,深圳经验为东莞提供了一个思路。深圳在开展社会服务工作之初,即与香港的社会服务发展研究中心和基督教服务处合作,邀请香港的资深社工为督导,为在深圳工作的新社工,以"传帮带教"的形式,带领社工开展工作。香港督导在深圳发挥了极其重要的作用,帮助社工在深圳全面提供优质的社工服务。依循深圳的经验,东莞亦决定聘用香港督导指导和协助东莞的社工发展社会服务工作。为此,东莞市政府更明确地表示:"建立社会工作督导制度,聘请资深社会工作者对社会工作者进行全方位督导,不断提升我市社会工作者的业务工作水平和职业道德素养。"① 而其聘用香港督导的主要原因，乃是因为香港督导有以下优点：

（1）香港发展社会工作已超过 50 年，香港社会服务工作一直都有优良的质素，有足够的经验和人才协助内地发展社会服务。

（2）香港有优良的社工教育和专业规范，有不少足够学历和经验的社工能为内地社工提供督导服务，也能为在内地开展社会服务工作提供示范和经验。

（3）香港的社工大部分都是中国人，而绝大部分香港督导的家乡就在"珠三角"地区，他们中很多人都有亲人在这些地区居住，同文同种，甚至可以用当地的方言沟通，比较容易理解和适应当地人民的生活及文化。

（4）香港邻近深圳和东莞，香港督导到这些地区工作的路途时间都在 3 小时以内，是可以接受的范围，在部分工作地区，甚至可以当日往返。随着"珠三角"地区交通状况的飞速发展，其在交通安排上还有缩短时间的空间。

（五）督导工作的意义及历史任务

各地的社会服务工作大多是因应本地区人民的需要逐步开展起来的。而要将社会服务全面带入各地人民的生活，必将是一个漫长的过程。在中国内地，深圳和东莞的社会服务工作，都是在政府全额投资的条件下，在短时期内全面开展起来的，政府的投资和改革支持，是使社会人才和服务能在短期迅速发展起来的基本条件。同时，深圳和东莞社会服务的发展，是中国内地开创专业社会工作新纪元的一个显著标志。而其对于社工来说，则可算是一个伟大的历史性时刻，香港社工能参与其间，并作出贡献，显然也是光荣的任务，所以，香港督导的参与，无疑具有很大的历史意义，而其任务主要包括：

（1）社会服务在这些地区从无到有地建立起来，督导将社工实务工作的技能、服务的进行程序、服务的管理、制度等知识带给社工、机构及用人单位，让他们能透过学习来建立起切合其地区需要的社工服务。

（2）为社工提供督导及培训来提升他们的实务工作技巧。由于接受督导的社工也是国家最早期的一批社工，所以他们也是将来社工服务的领头羊，他们将带领着国家的社工专业发展。故此督导的工作，就是带领国家社工实务工作的发展，也是为国家培养社工人才。

（3）因内地刚开展社工服务，所以要透过尝试不同的服务模式、实验、

---

① 东莞市政府："东莞市委市政府关于加快社会工作发展的 1 + 7 文件"，2009。

评估，试验为国家发掘更多合适的社工服务，也为内地社工专业奠下坚实的基础。

（4）现时不少来到深圳和东莞工作的社工都来自全国各地，他们部分会继续在两市服务，也有部分会在两市工作一段时间之后回到家乡发展，并一并把学到的社工实务工作技巧和社工管理模式带回社工的家乡，这样就会将社工服务传扬至全国。

（5）内地社会服务发展增加了对社工教育及社工教师的需求。现时有实务经验的师资人数仍需增加以使社工教育能配合社工发展的需求。督导透过指导社工的实务工作和为社工提供培训，能将这些社工培育成为将来社工教育中重要的师资资源。

（六）结语

深圳和东莞开展的社工专业服务标志着在国家发展了一项新的专业，而就社会工作专业来说，更是一个历史性的时刻。在未来数年，社会工作将会在内地有急速的发展，而香港督导在专业起步时能有所参与，并在构建服务内容、人才发展、服务管理、社工教育等方面发挥重要的作用。相信香港社工在参与内地发展社工专业的过程中，亦会感受到他们在内地社工服务发展上所作出的贡献。

香港顾问平台服务成效

卢永靖
社会服务发展研究中心深圳计划香港顾问交流平台召集人

（一）"社研"深圳顾问平台简介

从 2008 年开始，社会服务发展研究中心实施"深圳计划"以积极支持深圳建立社工人才队伍，派出资深专业社工担任深圳一线社工督导。随着深圳市社工事业快速发展，社工机构如雨后春笋，数量大增。从 2010 年底起，香港社会服务机构分别被深圳市社工机构邀请提供机构顾问服务。香港顾问工作内容主要包括于机构发展策略、各种内部机制建设上提供专业意见，并协助机构培育督导人才。社会服务发展研究中心于 2011 年 1 月开始，邀请为深圳社工机构提供顾问服务之香港社工机构共同参与，组成了一个顾问交流平台（以下称"平台"）。

（二）提供深圳顾问服务的方法与成效

1. 通过参与机构会议促进机构在人事、财务及服务发展方面的管理

香港顾问定时出席机构的管理会议，检讨及提议机构政策、行政措施、财政运用及服务管理的改善，实际跟进执行状况，引领机构前瞻问题，做好策略计划及人才准备。这样做，一方面可以使机构通过公开透明程序探讨前线社工意见，另一方面又能促进机构管理人员执行能力的提升。

2. 项目指导与督导

香港顾问为机构项目的规范化运作提供了良好的指导作用。深圳社工发展，由岗位转向项目发展，项目在机构社工服务中日益承担起重要的作用。顾问从项目的整体设计、年度的服务规划、具体服务的开展及执行、项目团队的

建设等方面对机构进行指导。顾问形式会按个别情况需求而变化，包括督导会谈、讲座、培训、参观、沙龙等。依据具体情况，顾问形式也会有所变化。项目顾问工作是促使机构在岗位之外开辟社会服务工作的另一战场，是机构获得新的发展及成长的新平台。

3. 总干事及中层人才发展

顾问模式亦着重机构能够思索及规范自身发展，是顾问工作的重要内容。在机构发展问题上，顾问主要为总干事及中层以上职级的管理人员提供指导及建议，包括但不限于对机构使命、愿景、价值等问题的重新思索及完善以及机构战略规划、人力资源管理、服务发展规划、行政管理制度落实等。从而顾问不断推动机构向专业化方向迈进。

4. 到港互换岗位学习及联合培训

香港顾问平台联合深圳机构及香港社福机构，于2011年间搭建了岗位互换学习的机会并组织了深港两地机构的联合培训活动。另外"平台"还联同8家派出机构顾问之香港机构，为深圳机构举行了一系列联合培训。其中包括2011年5月5日举行的"社会服务机构之战略策划及战略思维工作坊"、2011年9月21日举行的"社会服务机构总干事之五大效能及优化管理工作坊"及2011年11月25日举行的"社福机构表现评估工作坊"，深圳机构管理人员在参加这一系列培训后，不单增加了管理与发展知识，而且还推动了机构管理人员对机构定位问题的思考，从而在明确机构未来发展方向理解领导效能之重要性。

（三）结语

在第一年之顾问服务工作即将完成之际，深港两地合作模式亦因为深圳社工由岗位社工转为项目购买而有所改变。因而，日后香港督导与香港顾问的角色也必将呈现有合二为一之大趋势。而配合深圳大力发展的综合社区中心，许多到港访问者对香港社会服务顾问所展示的从个人服务发展模式转而为团队服务发展模式的做法十分赞赏，这无疑为日后的顾问服务提供了持续发展的契机。

七、内地社工计划香港顾问随笔与畅论篇

等待花开的日子（一）

梁颖红
香港家庭福利会深圳机构顾问

一年的机构顾问服务工作很快就过去了，回望这些日子，当中有很多难忘的经历，对我来说，也是很宝贵的回忆。

深圳的社工机构在这几年间都很努力地发展社工业务，以期达到理想的专业水平和优质的服务成效，并能够创造机构服务的特色。我在当中也很能感受到大家的拼命和坚持，对于各位同业的不断付出，我是衷心地欣赏和支持的。我清楚地看到一些机构经过不断努力，已经极力地改善了服务素质和机构管理，服务越来越趋于专业化，但也有些机构在这一过程中面对重重困难而举步艰难。他们的疑惑在于，自己明明是努力地在做、苦心在经营，也在不断完善机构架构、管理制度和团队建设，然而却因诸多环境条件的制约，而达不到预期的效果。

深圳的社工服务是从购买岗位这一模式开始发展的。其中不少机构努力地把资源投放在提升岗位社工的服务素质上，例如培训社工，跟用人单位协调，为服务管理设计不同的制度等。但随而，政府又推出了项目服务这一概念，各机构又努力去竞投项目，撰写标书就成为了他们工作重点，由此而使得如何管理项目及其社工，从而与岗位服务的发展达致平衡，蓦地里就成为了他们新的研究课题。但不久，政府又开始倡导社区服务中心模式，机构再度为这个新的发展方向投放资源，并努力投标和调整社工资源，务求在其中占据一定的份额。机构为追赶发展潮流而疲于奔命，实在辛苦。由于机构需要服从市场的需要及各项发展条件，因而不得不被迫分散资源，以致于难以全力发展优质的专业服务，甚至忽略社工培训及减少与社区伙伴共同谋求深度合作的机会。尽管这些都不是机构的本来意愿，但机构却只能作出无奈的决定。

深圳社工机构面临的另一个严峻的发展环境因素，无疑是社工流动的问题。随着深圳周边地区社工事业的急速发展，深圳市的社工人员纷纷迁移到外地。这自然引发了社工薪酬的竞争力问题，而这正是现时深圳社工发展面临的又一个考验。面对频密的社工流动和人才流失，许多社工机构首当其冲的是，当初努力经营的成果因核心人员的离开而变得难以继承,机构的很多制度和基础备受考验和冲击,服务素质也因不稳定的社工素质而变得逊色了。众所周知,人才是机构发展的命脉和关键,但面对越来越严重的社工流动问题,机构可以做的事情非常有限,其除了做好团建、增加员工福利、完善管理制度和争取更多资源之外,其余的就只能寄希望于自己的好运气,遇见好社工了。

专业社工在发展专业社会工作的历程中,遇上重重难关并不足为奇,只要机构能竭尽所能,用认真的态度就没有克服不了的困难。在这一年中,我亲眼目睹不少机构不畏艰难地努力迎接着每一个挑战。我很高兴有此机会见证机构与其员工的共同成长,其不折不挠的态度及不断拓展事业的雄心,都让我打从心底里佩服,我因此而得到了鼓励,决心以更大的努力去面对自己,从而更充分地展示专业的精神。

在现在这个严峻的时期,同业的互相借鉴和交流极其重要。因此,我们只有努力打造一个同心协力、互相扶持的行业环境,才能携手向前、共同成就,就如朵朵春蕾终会灿烂绽放一样。最后,我衷心祝愿深圳的专业社会工作发展日趋成熟,以造福社群,为建设和谐共融的社会做出自己的贡献。

等待花开的日子（二）

冯婉娴
香港家庭福利会深圳机构顾问

（一）作为督导之挑战

深圳的机构及社工，对香港顾问有很高的期望，他们渴求多方面的指导，也渴求专业成长。如何在约 30 次的见面这样有限的服务日满足他们的需要，促进项目负责人的全面成长，是我担任顾问之后首次在脑海里呈现的命题。

一个良好的规划，是迈向成功的起点。我们的队伍，在过去的一年中尝试着从以下方面，促进项目负责人的全面成长：

(1) 项目认知和执行。
(2) 项目操作流程及素质。
(3) 项目行政和管理。
(4) 项目文书存盘情况。
(5) 项目中期报告与服务策略调整。
(6) 项目督导能力、公关能力、协调能力、专业工作的视野。
(7) 项目总结报告与服务拓展空间。
(8) 项目增值与人员培训。

除此之外，项目部分的全年顾问服务，分三个阶段执行：第一阶段，跟进社工项目的发展及奠定方向；第二阶段，重点督导项目的发展、落实执行改善措施；第三阶段，巩固期——总结项目成效、评估项目主管/负责人的督导能力。

（二）香港顾问之感动

时间飞逝，香港顾问有规划地奔波和没能规划地随机应变，换来了我的两大感动，在此我简洁地分享一下。

感动一：项目负责人以过来人身份撰写项目操作手册对现时深圳社工机构的重要性

在督导之初，我便分别提醒刚上任的项目负责人作好心理准备，一定要结合阶段性工作经验整理好每次督导过程的记录和功课，渴望他/她能在一年时间里以过来人身份或为行业、或为所属机构撰写一部项目操作手册。作为顾问，定必亲自和联同其高层给予全力支持。现概括撰写目的如下：

（1）以求能在未来日子，以系统的方式为机构培养出更多项目负责人和相关人员，使其能更纯熟和独立地工作。

（2）是体现深圳社工本土化的过程和证据。

（3）提升行业满足感并帮助撰写人进行知识内化。

（4）熟习项目工作的基本步骤和重点原则。

如是者，两家机构的项目负责人先后分别为行业和为所属机构——满心欢喜地在2011年12月诞下了两个初生宝宝，即撰写完成了他们的项目操作手册，为实现上述四大目标留下了青春的印迹。这是一件多么令人快慰的事情啊！

感动二：香港顾问在乐见被督导者成长之余，又吸收着被督导者回馈的正面能量

我督导的一位项目负责人，在年终时主动写了一份超过3,000字的个人成长总结给我，她是借此热切地告诉我，她在哪些方面有所成长。我为此深深感动，这无疑是在我疲劳之时为我注入的正能量。在此，我将其要点归纳如下：

（一）项目执行与管理

（1）把握项目需求；

（2）及时把握项目时势变化及发展环境变化；

（3）对项目书的内容有明确清晰的认识；

（4）分析所属机构或团体的优劣势；

（5）与其他类似的项目相比较，明确自身项目的特点与优势；

（6）制定时间规划或项目进程推进表；

（7）对项目定期的总结与检讨，及时调整工作方向；

（8）听取专业人士的建议；

（9）认识到项目的推进是一个循序渐进的过程；

（10）做好我们能做的，尝试我们不能做的，勇敢地尝试和开拓。

（二）部门管理

（1）有明确的部门规范；

（2）有明确的工作指令，并定时检讨指令的执行情况；

（3）分析部门人员的个人情况，依据个人情况进行工作分工，同时给予机会，让其挑战不同的工作；

（4）营造积极正面的氛围，及时调整负面情绪；

（5）定期开展团队管理总结；

（6）定期进行部门组员工作总结；

（7）合理、恰当、明确地指出员工的不足和差错，做到对事不对人。

（三）个人管理

（1）个人需要有不断学习的态度与行动；

（2）接收不同层次的信息，特别是管理层面的信息；

（3）以开放、积极的心态面对项目、面对团队；

（4）相信每一次压力、每一个挑战就是一次成长的机会；

（5）不要吝啬自己对他人的赞赏；

（6）不断地进行自我激励与奖赏；

（7）制定个人成长规划。

（回响："感谢香港的督导在2011年对我工作的指导并令我取得了进步，我将在社工之路上更加努力，再次感谢！"——明繁）

对此，我也发自内心地说一句：共勉之，谢谢您，谢谢社工行业内的同仁们！

深圳社工和谐花园图

卢兆荣
"深圳计划"督导

　　我在深圳从事督导工作已有 3 年的时间了，每每看到一线社工们不辞辛苦地工作，我都从心底感到无比感动，为这群有理想的年轻孩子们的精诚所感动。而且我也时时自己在脑海中勾勒一幅深圳社工图画，包括哪里有花，哪里有草，哪里有绿荫，我姑且将其称为"深圳社工和谐花园图"吧。

　　如果将深圳社工比喻作一个花园，那么花园的规划者，当属我们的党和政府，设计师则是深圳市政府的民政部门，花园建立起来，则需要管理制度，"1+7"文件则是这个花园的规章制度。深圳市社会工作者协会，是花园的管理处，负责整个花园的管理工作。香港督导，是花园外聘的技术专家，来指导如何将花园做得更好。花园里有花，有草，有大树，有石子路，有纳凉亭，那是我们可爱的一线社工。他们在不同的岗位上，显示出自己的魅力和能力，而社工机构则是辛勤的园丁，由他们浇花，施肥并完成打扫园子的工作，还不时修葺或增加一些破损的设施，让花园始终保持最干净、最蓬勃的姿态以接待我们的服务对象。

　　花园里每天穿梭如织的游人是我们的服务对象，他们或参与活动或接受服务，如同来赏花、来乘凉、来放松心情、来汲取力量。老人在中心内闲话家常，正如老人家在大树底下健身康乐；青少年中心提供的儿童服务，正如孩子们在花丛中嬉戏打闹；家庭中心提供的和谐家庭学习条件，正如夫妇们手牵手走过长长的石子铺就的路；家庭及青年生活和计生计划所提供的实践，就如年轻的恋人们躺在草坪上数数星星，看看月亮；援助站提供的那些实时的紧急救助或辅导服务，如无家者淡坐凉亭闲看庭前花开花落。失意者信步其中接受理想而专业的社会服务，正如八方人士漫步于花园内随天上云卷云舒。

　　这是一座和谐一体的花园，它的每个环节和步骤都至关重要，关系到花园的整体运营。在花园运作的起步阶段，尚存在这样那样的问题。比如有时花园停水了，园丁没有办法浇花；比如有些园丁护养花草的经验不足，花草枯萎了；比如花园暂时知名度太小，很少人知道；又比如花园的凉亭太少，不够游人休憩使用；再比如有些游人随地吐痰、丢垃圾，浪费花园提供的设备和设施等。

因此，这个花园无论是规划、设计、建造还是运营过程中的点点滴滴，都需要不断地完善、精心呵护，如此才能赢得游人的口碑。而游人亦需要遵守花园的制度，以保障花园能给更多的人带来幸福和谐的美妙享受。

在我于深圳工作的 3 年时间里，许多深圳本土的社工一步一步成长为初级督导并成为我们香港督导的得力助手。而这个成长过程，无疑也是深圳至中国内地社会服务工作发展的写照。我为深圳社工勾勒的这样一幅和谐花园愿景，亦是我对香港与深圳社工同业的期许："港社为深人，深社系港心"。

在"中国国情"与"香港角度"间踟蹰

黄国基

回顾年来的机构顾问工作,坦白说,的确有点千头万绪和不知从何说起的感觉。当中,固然不乏与机构并肩同行、成功解决问题、改善运作、促进机构发展的喜悦,但也不能否认,其间实有些力不能逮的挫折。作为本文集的感想,笔者刻意提出工作过程中的困惑而非以成就的喜悦来与同业分享,缘由只在于搁置锦上添花之语而发掘更多的讨论方向。

为此,我仍姑且从一个片段说起。

一次,笔者在阅读一家机构的文件时,发现当中所列出的机构架构及工作流程明显跟现况不一,直率点说,我觉得那间机构将自己的规模夸大了很多,而且还刻意将一些工作程序写得完善(实际是复杂)无比。我向机构负责人提出了这疑问,却见他带点儿自豪地说,那是他从不同机构抄回来的。他的目的是要告诉人家,这些东西,我们都有!他强调这并非虚假,因为他真的希望机构未来如此。

行政文件中对机构架构及工作流程的描述竟可不依现况!对我们来说,这样的思维实在不可思议。更重要的是,这样的处理,让同工根本不重视规范机构运作的规章(因为写出来的与他们看到的太不一样),当我提出疑惑时,机构负责人很快便以我"不了解国情"作结。

话说回来,我不是不明白这位负责人的想法,依据他的经验与实践,文件比实况可能更重要,事实上,"做好服务不如做好报告"也是我们常听到的一句话。在这样的想法主导下,管理机构的重点通常会着落在机构管理文件撰写而非实务过程。然而国情果真的如此吗?这不由得使我想起了我时常思考的一个问题,即"国情"是什么?它是不可逾越的行事准则,是不能挑战的思维习惯,还只是跟风、无奈下的推搪言词?

回头看香港,在"服务质素标准"(SQS)推行早期时,也曾有偏向撰写大量政策文件而非真正关注执行过程的问题,幸好经历一段时间,业界基本上拨乱反正了。不过改变要从动机开始,如果机构的负责人对此思维及行事方式不单想当然地切合现况,甚至更有自豪的感觉,那其与改变便会有十分遥远的距离。其实，我觉得问题并不在"中国国情"与"香港角度"的见仁见智，而是在于是否有实务为本的思维，这才是社会工作及社会服务机构的管理之道。如果机构管理规划文件及服务报告仅用于"炫耀"或"投上所好"，而非着眼于真正的运作与反思，那么改进只能叹一句"路漫漫兮其修远"而已。

（备注：本文所表达的感想，并非由笔者出任顾问的机构引发，而是综合笔者从不同途径认识到的深圳机构所见所思成篇，特此说明，免生误会）

从深圳社工督导到社工机构顾问有感

陈惠仪

不觉间从到深圳当督导开始到当机构顾问，至今已是4个年头，而当机构顾问的时间也有一年了。有幸的是我的顾问工作有督导工作做铺垫，因而一切的事显得顺利一点。所谓铺垫，一方面是与深圳社工发展和执行有些直接接触；另一方面是与原有人员建立了一定的工作关系。顾问工作对我而言是一个新开拓的工作，是一个全新的，可塑造性强的服务空间。

综合来讲，其间团队从无到有，从不敢做到乐于创新，从不认识到分享，从被纸上的通用规范领导到能在服务对象群体中探索该走的道路，我相信是基于以下几个重要因素才能获得这小小的成果。第一个因素是顾问能与中心主任、领导、职员、社工密切联系和行动一致，同赴一轭，抱着同一使命投入工作。第二是各方主动无间地送来相关政策、行政、服务、会议等文件信息，同步商议。第三是社工能好好跟进所交托的工作，把顾问的要求或意见看成是指导意见，遇到不理解的事情会向顾问查询，直至切实执行为止。第四是机构能在机构层面看待顾问指导，而不是在员工层面上指导，因而此顾问就更能在机构层面上操作。这几个因素有一个共通之处就是团队共同参与互动，大家都听，大家都表达，大家都做，都配合。换句话说，这是团队工作的成果。

眼看部分机构的顾问工作结束有时，但仍然未竟全功之概，感于深圳所见所闻，对往后的机构发展，我提出以下一些关注点。

（1）顾问职能是指导性质，非执行指令的员工，也不是督导人员。项目事工是否能成就主要取决于机构的团队性。

（2）顾问服务只是短暂的辅助，机构需要规划如何善用顾问，一方面不宜抱着堆砌项目越多越好的心态把大量的责任放在顾问身上。另一方面是要培养接班人，引导其将服务办好，并以此建立制度而加以承传。

（3）机构应该建立能实践的行政服务规章制度和标准，摈弃假大空的指标，摈弃以文章解惑交代根本不能完成的假大空，踏实做具体事。其实顾问也只能对踏实具体的事作出指导，其余的都是不该有的、不持久的。

（4）观乎一些有活力并于服务上显现进步的机构，他们都有自己的机构文化，虽然可能是不成文的，但却人人接受。机构团队中拥有共同的价值观或文化，这些包括互相帮忙、有责任感、有系统，勤于学习型的机构，其运作清晰透明从而能减少猜疑而鼓励着实干等。

（5）一开始发展深圳社会服务时，大部分深圳社工服务机构都是由非社工专业人员所开设，他们所持的理念虽不一样，却不一定与社工专业的原则有所矛盾。若机构领导（理事会）与管理人员有责任为其机构的行政、财务、管理上建立系统，维持团队的良好操守，并为机构服务作出定位，那么拥有这样一位好的领导的机构，它的服务还能差到哪里去呢？

尽管每个机构的环境都不一样，顾问面对的机构环境、条件、要求都有所不同，不可以一概而论。但可以肯定的是当顾问面对机构的特殊环境和要求时，要能坚守社工的理念、操守和科学管理。有顾问因遇到以上提到的难题而考虑离职，因此我认为能坚持社工理念与价值观的顾问是值得我们尊敬的。祝愿深圳民政局、深圳社工机构与社工、用人单位、香港投入的社工学院、机构与社工能抱着社工的理想，在深圳再创高峰。

顾问工作是挑战，也是良机

张玉清
香港国际社会服务社跨境及国际个案工作服务总监

香港国际社会服务社能有机会派出顾问，协助国家建立社工专业人才队伍，感到十分荣幸。对香港顾问来说，这是挑战，也是良机。挑战是香港顾问进入内地提供顾问服务时必将遇到一定的文化冲击，平日在香港行之有效的管理模式及处事方式，也要因应国情及地方特色而作出调整。良机是让顾问有机会反思从而一再坚定其社工价值、信念及原则。此外，顾问服务中的本土化的过程也是让顾问了解国情的大好机会。同时，社工对顾问的尊敬和爱护也滋养着顾问，因而即使舟车劳顿，长途拔涉，他们也满怀精力不辞劳苦地培养着新一代社工。

香港顾问作为一道桥梁，他们除了把多年的社工经验带进深圳，也把海外的社工知识及经验带进了内地，令内地社工的专业知识更丰富。

本社很幸运能选派数名香港资深社工担当顾问工作，他们对建设内地社工机构及队伍都怀有很高的抱负。顾问们都期望内地的社工服务能遍地开花，内地的社区关系更和谐，人民的生活更加美好。

跋

李永伟

社会服务发展研究中心总干事

广东省人民政府省长朱小丹于 2012 年 1 月初上任时特别提到，政府会更重视社会资源的作用，把省市两级的权力一步下放至县镇，"政府只做能做的事，管政府该管的；而该放给社会的就放给社会，包括放给社会组织"。自国家于 2006 年表明高度重视发展社会工作，建立宏大社会工作人才队伍起，各省市民政单位都积极培养及引进优质本地社会服务组织，它们透过政府购买服务的方式负责向广大市民提供不同的社会服务，也担当起政府及市民的一道桥梁。政府把执行的权力下放至社会服务组织，政府转移负责推动及监管的工作。由此可见，社会服务组织于社会中所担当的角色将越来越重要；而它们是否能恰如其分地做到该做的事，很大程度上取决于其管治及管理的优劣，而《同心同行：香港顾问及深圳社工机构交汇点》的主旨正是要分享两地社会服务组织或机构发展方面的不同经验，以加快内地社会服务组织的发展步伐。本书因应现时社会服务组织的发展需要而出版，目的是及时适切地响应现时业界的要求。

事实上香港非政府机构的管治文化的形成历史也不是有很悠长。此正如《香港社福机构管治及管理——政府的角色》一文中所指出，2000—2001 年香港社会福利署开始推行社会福利津助制度改革，加强了机构的问责性，因而增加了在香港社会福利服务界机构管治管理文化的重要性。有鉴及此，社会服务发展研究中心（以下称"社研"）希望借助本书把香港崭新的经验跟内地业界分享交流，并从不同角度探讨了两地社会服务机构的发展方向。本书除了邀请两地的民政福利体系官员阐述社会管理和福利政策及发展外，亦邀请两地著名学者对社会服务机构发展及机构管治文化形势作了进一步的论述。此外，"社研"更特意邀请曾经参与"深圳计划香港机构顾问平台"的两地组织和机构，务实地分享了内地社工组织在发展过程中所面对的困难，香港顾问如何协助他们在困难中发展出其自身的特色。而部分曾夺得香港董事学会杰出董事奖的平台机构，更毫不吝啬地分享了其发展经验及管治特色，以供两地同业借鉴。

"社研"希望透过《同心同行：香港顾问及深圳社工机构交汇点》，让两地业界分享发展管治文化的机遇和成果，以互相琢磨砥砺，从而令双方都有启发及反思。内地社会服务组织的发展虽尚处于起步阶段，但未来却有无限的发展空间及可塑性，有鉴于此，"社研"更希望其创建的"香港机构顾问平台"能够持续下去，为两地的社会服务组织和机构提供一个良好的分享平台，以便教学相长，促进彼此的发展，造福两地的人民。

附录

社会服务发展研究中心
简　介

（一）成立背景

社会服务发展研究中心（以下称"社研"），成立于1998年，为香港注册非牟利服务机构。中心的成立，主要是由一群社会福利服务工作的社会工作者及主管倡导和发起。过去一百多年来，中国的传统文化受到西方文化的冲击，在不同体制下，香港与内地发展社会服务的模式与内容存在着异同。这实有需要透过不断的交流、了解，相互学习和借鉴，促进彼此的共融与进步。1997年，香港回归祖国，在"一国两制""港人治港"的原则下，香港应如何落实两制而又能同时体现一国，特别是在迈进新世纪时，因应两地的文化互动、社会情势需要的转变，加强服务经验交流，促进社会服务以配合时势之需，并作出承担和贡献委实重要，且对两地社会福利服务的发展，有莫大的裨益。

（二）抱负

秉持"以人为本"的信念，"社研"致力于促进香港和内地社会福利及社会工作的发展，为构建和谐社会作出贡献。

（三）使命

"社研"透过培训、考察、调研、经验交流及合作计划，积极推动两地社会福利的发展，凝聚香港社会工作专业力量，协助内地建立社会工作制度，促进两地专业的持续发展。

（四）工作目标

➢ 协助安排两地社会服务机构组织考察团互访学习，举办学术性研讨会，增加两地服务情况的认识和了解。
➢ 以不同活动促进社会服务界员工的沟通和交流。
➢ 加强香港及内地社会服务讯息的交流和发展。
➢ 协助联系香港及内地有关政府部门及民间组织，推动各项社会服务交流活动。
➢ 协助香港及内地社会服务界了解两地服务的政策和运作。
➢ 提供研究、培训活动，协助香港及内地社会服务界发展人力资源。

（五）架构

荣誉顾问：张建宗，GBS，太平绅士（香港特别行政区政府劳工及福利局局长）
张铁夫先生（香港特别行政区全国人民代表大会代表）
杨茂先生（中央人民政府驻香港特别行政区联络办公室社会工作部部长）

顾　　问：李家祥，GBS，太平绅士
陈智思，GBS，太平绅士
陈玉仁先生（裕峻集团有限公司董事长）

会　　长：谭耀宗议员，GBS，太平绅士（香港特别行政区立法会议员）

赞 助 人：杨钊，SBS，太平绅士
李宗德，SBS，太平绅士

主　　席：邱浩波，SBS，太平绅士（香港国际社会服务社行政总裁）

副 主 席：陈圣光先生，MH（香港路德会社会服务处中国事工总顾问）
钟媛梵女士（义务工作发展局总干事）

义务司库：刘俊泉先生（香港中华基督教青年会总干事）

秘 书 长：雷慧灵女士（香港路德会社会服务处执行总监）

理　　事：周敏姬女士，MH（中华海外联谊会理事）
梁祖彬教授，MH，太平绅士（香港大学社会工作及社会行政学系教授）
关何少芳女士（原香港家庭福利会总干事）
易嘉濂博士，MH（基督教青少年牧养团契义务总干事）
陈秀娴博士，太平绅士（香港树仁大学社会工作系主任）
董志发先生，MH（邻舍辅导会总干事）

　　　　　　吴淑玲女士（香港基督少年军总干事）
　　　　　　卓冰峰先生（"社研"青年议会主席）
非执行理事：陈绍沅先生（锡安社会服务处执行委员会副主席）
　　　　　　苏国安先生（雅丽氏何妙龄那打素慈善基金会行政总监）
　　　　　　彭盛福先生（国际狮子总会青年拓展及禁毒警觉委员会副主席）
　　　　　　伍杏修先生（香港复康会总裁）
总　干　事：李永伟先生

（六）"深圳计划香港顾问交流平台"名单

参与顾问平台	内地合作机构	负责同工及顾问名单
香港路德会社会服务处	深圳市春雨社工服务社 深圳市志远社会工作服务社 深圳市龙岗区春暖社工服务中心	卢永靖 卢兆荣 陈慧仪
香港家庭福利会	深圳市东西方社工服务社 深圳市铭晨社会工作服务社 深圳市希望社工服务中心	陈月华 冯婉娴 梁颖红
香港基督少年军	深圳市宝安区尚德社会工作服务社	何仕泉 陈伟业
香港国际社会服务社	深圳市鹏晨社会工作服务社 深圳市彩虹社会工作服务中心	卜鉴麟 彭盛福
香港基督教信义会	深圳市友爱社会工作服务中心	林兆秀 黄国基
仁爱堂	深圳市龙岗区正阳社会工作服务中心 深圳市融雪盛平社工服务中心	仁爱堂机构顾问团队
山旅学会	深圳市芳草地社会服务中心	石天仑 罗婉芬